铜鼓

【中国民俗文化丛书】

刘魁立 张旭 主编
万辅彬 蒋廷瑜 韦丹芳 编著

中国社会出版社

图书在版编目（CIP）数据

铜鼓/万辅彬，蒋廷瑜，韦丹芳编著．—北京：中国社会出版社，2007.10

（中国民俗文化丛书/刘魁立，张旭主编）

ISBN 978-7-5087-1942-9

Ⅰ.铜…　Ⅱ.①万…②蒋…③韦…　Ⅲ.鼓—铜器（考古）—简介—中国　Ⅳ.K875.5

中国版本图书馆 CIP 数据核字（2007）第 157123 号

丛 书 名：中国民俗文化丛书
主　　编：刘魁立　张　旭
全案策划：李春园
书　　名：铜　鼓
编　　著：万辅彬　蒋廷瑜　韦丹芳
责任编辑：刘云燕
出版发行：中国社会出版社　邮政编码：100032
通联方法：北京市西城区二龙路甲 33 号新龙大厦
电　话：（010）66080300　（010）66083600
（010）66085300　（010）66063678
邮购部：（010）66060275　电传：（010）66051713
编辑室：（010）66060097
网　　址：www.shcbs.com.cn
经　　销：各地新华书店
印刷装订：中国电影出版社印刷厂
开　　本：155mm×225mm　16 开
印　　张：11
字　　数：130 千字
版　　次：2011 年 4 月第 3 版
印　　次：2014 年 9 月第 7 次印刷
定　　价：18.50 元

序

中国民俗学会理事长　　刘魁立

人生活于文化之中，正像人离不开空气一样。《周易》说："观乎天文，以察时变；观乎人文，以化成天下。"无论汉语"文化"一词是否由此而来，这段话至少说明，我们的祖先向来对文化的重要性有十分清楚和极其深刻的理解。文化确乎是人之所以成为人、人类之所以成为人类的根本标志。人创造了文化，文化也创造了人，从这个意义上也可以说，人是文化的动物。

从文化本身来说，相当长一段历史时期的传统文化可以粗略地、也是相对地划分为两大分流，即所谓上层文化（或称高层文化、雅文化、精致文化……）和下层文化（或称基层文化、底层文化、低层文化、民间文化）。

民间文化是人民群众创造的最古老的文化，因为它的根源可以追溯到人类发展的初始阶段；民间文化同时也是最年轻的文化，因为它仍然活生生地存在于人民的日常生活和口碑之中。民间文化还是整个社会文化的基础，并且具有极强的生命力。上层文化往往是对民间文化选择、改造和精致化的结果。

民间文学、民间艺术是民间文化中最富色彩的一个组成部分。它在人类创造的一切艺术中，生命最活跃，涉及最广泛。它以古朴纯真的艺术手段，反映着人民群众的现实生活、理想和追求。它的无数珍品，是当之无愧的美的典范。没有了它，人类将失去多少童真的回忆；没有了它，人类的爱祖国、爱家乡将会缺少多少实际可感的具体内容；没有了它，人类的欢乐、悲伤也将变得干枯而平淡；没有了它，人类将会失掉多少生活的甘美和幽默……

万家社区图书室援建和万家社区读书活动，是建设社会主义文化和建设社会主义新农村的一项战略举措。我们，作为受到农民兄弟哺育和培养的知识界、文化界，有义务用学来的知识回报衣我食我的父老乡亲，这不仅是我们的社会责任，也是我们的荣耀。

中国民俗学会在这项重要活动中，承担有关中国民间传统文化的约50种图书的撰写工作，我们组织了学养很高的，包括大批教授、研究员在内的专家队伍，来完成此项写作任务。他们在相关领域里，学有所长，业有专攻，所有作者都以光荣志愿者的精神，以科学严谨的态度，用生动活泼的文字，把相关的准确而丰富的知识，呈献给农民兄弟和城镇社区的读者。完成这项具有重要意义的写作编书任务，是我们人生当中一件值得骄傲、值得自豪的事情。

中国民间文化是世世代代锤炼和传承的传统文化，其中凝聚着民族的性格、民族的精神、民族的真善美，是中华民族彼此认同的标志，是祖国同胞沟通情感的纽带。历史悠久、内涵丰富的传统文化也是我们中华民族对人类文化多样性发展的巨大贡献。急剧变化的时代在淘洗着传统的民间文化。在当今时代，我们尤其有必要对我们丰富淳厚、历史悠远的民俗传统立此存照，将其中的优秀部分及其真谛展示给广大民众，使他们对中华大地、对祖国同胞、对优秀的文化传统和淳厚的民俗民风怀有更深刻的眷恋、热爱和崇敬。继承和发扬中华民族创造的非常丰富而优秀的非物质文化遗产和民族精神，是我们的幸事，也是我们的历史责任。

我希望在大家的共同努力下，民间文化之花越开越鲜艳，为我们祖国、为我们中华民族赢得一个永恒的春天。

目录

第一章

铜鼓的起源和发展

铜鼓是中国南方和东南亚地区一种富有传奇色彩的历史文物。公元前7世纪左右出现于中国云南的西部地区，随着民族的迁移和文化交流，传播到中国南方和东南亚广大地区，为多民族接受，并被视为神器，流传了两千多年，至今还在一些民族中使用。

广南铜鼓

慢侣铜鼓

但是铜鼓究竟是怎么来的？它的“祖先”是什么？是哪个民族创造的？在两千多年的历史长河中，铜鼓经历了怎样的发展？这些问题至今仍在探索之中，让我们从古墓中出土的铜鼓开始探索这些问题。

万家坝古墓中的铜鼓与铜釜

铜鼓，顾名思义，是用铜制成的鼓，是一种古老而珍贵的文物。留存至今的各类铜鼓，铸造年代上溯春秋战国，下迄明清时代。不同类型的铜鼓有着不同的冶炼技术和工艺水平，表现了各民族不同时代的生产力发展水平和审美情趣。当今民间使用的铜鼓分布于中国南方和西南地区以及东南亚各国，其多数制作精美。人们要寻找原始形态铜鼓，必须回到更远的历史中寻找相关器物的发展线索并力求考古学的证据。

关于铜鼓起源于何物，研究铜鼓的学者们观点各异，归纳起来主要有三种：

第一种是錞（chún）于说。理由是铜鼓和錞于有若干相同之处，如通身皆铜、一头有面、中空无底，都流行于我国西南少数民族地区。

第二种是革鼓或木鼓说。魏浚的《峤南琐记》提出铜鼓起源于木鼓（革鼓），认为因南方潮湿，木鼓易于受潮，便改木鼓为铜鼓，铜鼓面和胸部像扁形革鼓。

第三种是铜釜说。自 20 世纪 50 年代以来，考古工作者先后在云南祥云、楚雄等地出土一种铜鼓，整个形状与其同时出土的铜釜有惊人的相似之处。大部分学者持此说。

錞于是一种古乐器，青铜制作，形如圆筒，上大下小，顶上多为虎形钮，可悬挂，以物击之而鸣；常与鼓配合，用于战争中指挥进退；盛行于东周至汉代。铜鼓和錞于确实有许多共同的地方。例如，都是一头有面，中空无底，用铜铸成。越南清化东山出土的一面小铜鼓，鼓面中心还铸造一个站立的老虎，形状更与虎钮錞于相似，于是有人认为它很可能就是錞于向铜鼓演化的中间形式。安徽省和县、寿县出土的錞于都属春秋时代，錞于似乎早于铜鼓。但是近年来出土的文物证明铜鼓和錞于在春秋时期同时存在，没有早晚之分，如果就出土最早期铜鼓的云南来讲，錞于的发现就比较晚了，只在西汉中期石寨山古墓出土的青铜贮贝器上，才看到錞于和铜鼓挂在一起敲击的现象。

所以，铜鼓起源于錞于说很难成立，而认为铜鼓是由革鼓演变来的，更缺乏实物依据。革鼓有两个面，但铜鼓只有一个面；革鼓腰部凸起，而铜鼓腰部收缩；革鼓无纹饰和塑像，而铜鼓有纹饰和塑像。两者比较，大相径庭。人们认识到铜鼓来源于铜釜也是有一个过程的。20 世纪 50 年代初，云南省博物馆在金属回收部门拣选到一面形制古朴的铜鼓，在编纂出版《云南省博物馆铜鼓图录》时，大家讨论后认为这是铜鼓最早的一种形式。1960 年 3 月，在云南楚雄县（今楚雄市）东北境内的大海波，因修小型水电站挖出一面铜鼓。这面鼓通体没有纹饰，鼓面很小，鼓足很短，两对耳也很细小，以至于大家都不敢称它为“铜鼓”，而把它归到铜釜里去了。

铜錞于

1964 年，在云南祥云县东南的大波那木椁铜棺墓中又出土了一面形体瘦削的铜鼓，和它一起出土的有一件口大、腹部鼓起、底小而平的铜釜，将铜釜翻转过来，和大波那这面铜鼓十分相像。在发表这座墓葬的考古报告时，刊出了一帧铜釜倒置的照片，报告人指出：“此釜形状和铜鼓十分近似，倒置过来看，其异于铜鼓者，只不过是打击面的直径较小，足边无折棱而已。过去，对铜鼓来源于何物，颇多揣测，迄无定论，此式釜之出现，又增添了一个值得注意的线索。”应该说，这位考古工作者的发现已经离揭开铜鼓的源头不远了。

1975 年，这个一直争论不休的铜鼓起源问题终于尘埃落定，有了结论。1975 年，万家坝村几个农民到城里废品收购站卖废铜，其中的铜矛等珍奇器物引起了文化局的重视，于是一个尘封两千多年的巨大古墓群，终于被揭示并展现在世人的面前，向人们透露着历史的秘密。

村支书汪从禄还记得当年古墓发掘的情形，万家坝位于云南省楚雄市东南方向约七公里的青龙河台地之上。他说：“那时是人民公社时代，农业学大寨，平田改土，要把坡地改台田，集体劳动，就挖出了那么些铜矛、短剑……锈蚀郎当的。我们几个收了一粪箕，拿到废品收购站去卖。后来，楚雄文化局就派人来瞧，拿仪器来测，认定这里是古墓。就来挖，打开棺材还没有烂完，村民都拣回来当柴烧。玛瑙

威风锣鼓（革鼓）

万家坝铜鼓

珠、铜鼓样样都有，铜鼓后来被盘到省上去了。”

其实，当年由云南省博物馆和四川大学联合组成的考古工作队在万家坝共发掘了79座古墓。这一次发掘面积3300多平方米，有大型墓13座、小型墓66座，出土青铜器1000多件。由于地下水位高，土壤酸性重，古尸的骨殖（shi）都已腐蚀殆尽，没有存留。可那些随葬品却出土不少，林林总总，竟有1245件之多。其中，有玛瑙、玉石饰物，有锄、斧、凿等青铜生产工具，有剑、矛、戈、钱、镬等青铜兵器、货币、器皿，有铃、编钟、鼓等青铜乐器。

出土的青铜器中，最为珍贵的是5件铜鼓。古老而原始的铜鼓，终于穿过千年烟云，来到人们面前。它们的造型朴实大方，花纹简单，但已经大致具备了后世铜鼓的形状和装饰布局。考古学家称这类原始铜鼓为万家坝型鼓，认定它们刚从炊具铜釜演化过来，带有炊具的原始色彩。这些铜鼓显示了铜鼓产生的初期阶段所具有的原始性。鼓身仅有简单纹饰，均属早期特征。楚雄彝族自治州的牟定、禄丰等县，都出土过万家坝型的铜鼓。

祥云大波那铜鼓（高 33 厘米，面径 23 厘米）

经专家鉴定，万家坝铜鼓是世界上已经发现的最古老的铜鼓，比晋宁石寨山等地出土的铜鼓形制更为原始。万家坝型铜鼓绝大多数出于墓葬中，有众多的伴存物作年代参照，有的墓葬棺木还作过 C_{14} 年代测定，这些实验数据所推断的年代比较可靠。如楚雄万家坝 23 号墓，C_{14} 年代测定是距今 2640 ± 90 年，约相当于春秋时代中期；又如楚雄万家坝 1 号墓，C_{14} 年代测定为距今 2350 ± 85 年，约为战国时代早期。综合各种证据分析，万家坝铜鼓流行年代当在春秋早期至战国晚期之间，是年代最早的铜鼓，因此有人称它们为铜鼓的始祖。

云南万家坝 M23 四鼓出土实况

陶釜　铜釜　铜鼓

万家坝墓葬出土之后，铜鼓源于铜釜几成定论。人们进一步探究，认为它们的老祖宗就是陶釜。

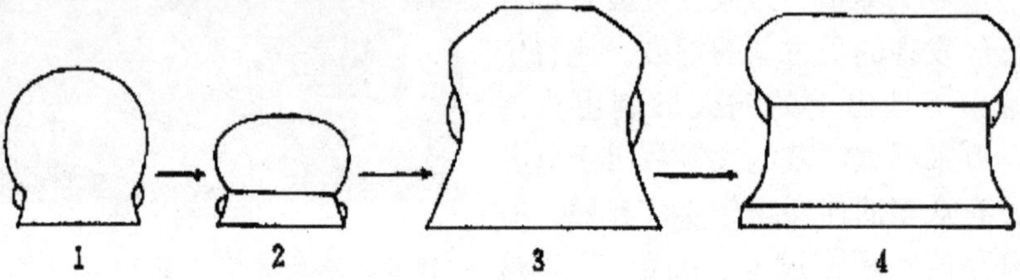

铜鼓发展示意图（1、2、陶釜　3、铜釜　4、铜鼓）
（采自童恩正《再论早期铜鼓》）

陶釜曾是打击乐器

铜鼓作为一种乐器，为什么恰恰是从烹饪器陶釜演变而来？看来，陶釜应该具有乐器的功能，这种演变才有可能。王大道先生曾作如下推测：音乐产生于劳动过程中，旧石器时代的人们在打制石器时，自然会发现一定形状而质地较坚硬的石头能发出悦耳的铿锵之声，这样的石块就成了伴奏歌舞的乐器。《尚书·益稷篇》所说“击石拊石，百兽率舞”，就描绘了击石为乐的情景。新石器时代有了陶器，人们在兴高采烈的场合，常常敲击身边使用的陶器，一些有较好音乐效果的陶器就会逐渐被人们认识，从而发展成陶制乐器，同时也制作了一些专用陶质乐器。陶制乐器一直延续很久，史籍中亦不乏其例。《史记·廉颇蔺相如传》曾载：相如逼秦王为赵王击缶。又《文献通考》曰：“胡缶，古者西戎用缶以为乐，党项因亦击缶焉……李斯曰：击瓮扣缶，真秦之声。”瓮，盛水、贮粮之器，缶，酒器，这些陶器也是秦人、羌人常用之打击乐器。南方楚地亦有以陶釜为乐器的例证。屈原在《离骚》中写道：“黄钟毁弃，瓦釜雷鸣。”这就反映了炊器陶釜是可以像钟一样敲击的乐器。

新石器时代的陶釜不仅是人们日常生活必需的器具，同时也具有一切鼓类乐器的共性——中空，有打击面。可以设想当云南新石器时代的人们用陶釜煮食之后，偶遇高兴之时，有人手舞足蹈，有人欢呼而歌，随手击打身边的陶釜以合拍，久而久之，人们会发现敲击倒置的陶釜有较好的音乐效果，于是这种陶釜便成了“炊具而兼乐器[①]”。

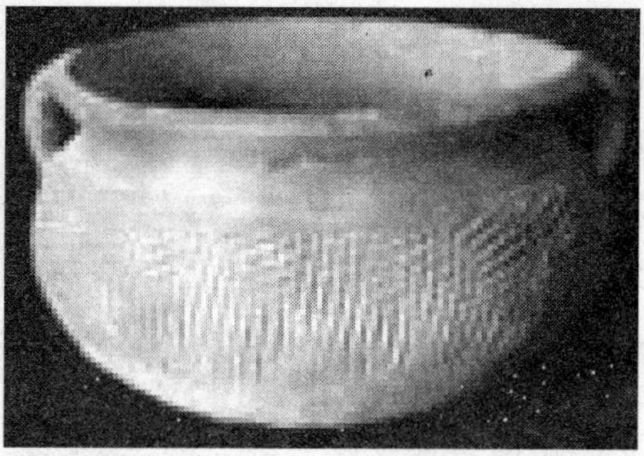

西周双耳陶釜

图片来源：http：//bbs. a9188. com/thread－42290－1－1. html

青铜时代的铜釜

原始社会末期，我国已出现了青铜器。青铜铸造是商和西周手工业的主要部门，由此夏、商、西周三代被称为我国的“青铜时代”。而农业、畜牧业、手工业和商业的繁荣，形成了我国夏、商、西周灿烂的青铜文明。

进入青铜时代之后，古人便仿照陶釜的形状，用青铜制成了铜釜。当然铜釜是只有富人才用得起的。青铜是红铜和锡的合金，因为颜色青灰，故名青铜。由于青铜的熔点比较低，约为800℃；硬度高，为铜或锡的两倍多，所以容易融化和铸造成型。青铜时代初期，青铜器具比重较小，甚或以石器为主；进入中后期，比重逐步增加。自有了青铜器，农业和手工业的生产力水平提高，物质生活条件也渐渐丰富起来，青铜铸造术的发明，与石器时代相比，起了划时代的作用。

与商周同期，我国西南地区也创造了令人瞩目的青铜文化，如成都平原上举世闻名的“三星堆”文化。“三星堆”文化产生于距今3700年前的夏商之交，相当于夏代及商代前期偏早阶段，即距今大约4000～3500年的形成期。

而云贵高原的青铜文化出现的时间较晚，在中原地区进入秦汉王朝以后，该地区的青铜文化才迸发出强盛的生命力，创造出自成体系的青铜文化。它与四川盆地的青铜文化一样走上了风格独特的发展道路，其中又以滇池区域的青铜文化为代表。该文化以大量独特的青铜器如铜鼓、贮贝器、各种形状的扣饰和青铜戈、剑、矛、钺、斧、纺

① 王大道：《古代铜鼓学术讨论会论文集：论铜鼓起源于陶釜》，37页，文物出版社，1982。

素面铜釜（广西东兰长江乡）　蒋廷瑜　摄

织工具及青铜塑像、雕刻纹饰等区别于其他文化。同时由于其位置的独特性，与周邻文化发生了较多的关系，西北地区草原文化、四川盆地巴蜀文化、中原文化、岭南青铜文化、红河三角洲的东山文化及相距遥远的南亚、中亚、西亚地区文化都与之发生过相当密切的关系。从该文化的特色来看，它非常巧妙地将各种外来文化因素完美地融入自身的文化特点当中，形成了一种独立于中原和周边地区铁器时代文化的青铜文化。

云南文山铜鼓陈列　蒋廷瑜　摄

云贵高原的青铜文化虽然产生的较晚，但其鼎盛时期催生的滇国和夜郎国，无疑在中国历史上占有重要地位。西南地区青铜文化的繁荣，为铜釜和铜鼓的产生创造了条件。

从铜釜到铜鼓

到青铜时代初期，陶釜仍是炊具兼乐器。奴隶主为祭祀祖先，媚神、取乐，拥有乐舞奴隶。他们使用的乐器也有陶釜，即“陶釜形鼓”了。随着青铜冶铸业的进一步发展，生产的铜较多，具备了铸造较大铜器的技术条件。人们发现铜器的声音清脆悦耳，亦能经受较重和较长时间敲击。奴隶主追求声色之好，要用精美贵重的器物以别尊卑和夸示财富，就用铜来铸造“釜形鼓”，这就产生了“釜形铜鼓”。之后，这种铜鼓日益朝适应乐器功能的方向演进，与釜在形态上区别开来。我们所说的万家坝型铜鼓，正处于这个阶段。

说到这里，我们不难看出铜鼓是从铜釜脱胎而来的。万家坝墓葬中同时出土铜鼓与铜釜给我们提供了更有利的证据。

在万家坝一座大墓的腰坑中，挖出 1 面铜鼓、3 件铜釜、6 件铜羊角钮钟和一百多件其他青铜器。这面铜鼓很明显是用铜釜改制而成的，只要将铜鼓翻转过来，在鼓足边上加铸一对辫索形耳就成了铜釜。后来在同一墓地的 23 号墓的棺底垫木之下挖出 4 面铜鼓、大量青铜工具和兵器。这 4 面铜鼓的外表都很粗糙，鼓面小，胸部特别突出，腰细而长，足短而向外。外壁都没有花纹，但内壁却有花纹。这是什么道理呢？考古学家推测，它原来应该是足部朝天倒放着使用的。因为只有倒放，内壁的花纹才能看得见。而这些铜鼓出土时也确确实实是倒放着的，和那些铜釜放置的形态完全一致。而最为重要的一点是这 4 面铜鼓的鼓面上都有烟熏的烟炱，这说明它们确实被作为炊具使用过。这就更证实了铜鼓来源于铜釜的推断。

铜鼎和铜鼓是同一个“祖先”

南方少数民族地区流传至今的铜鼓和铜鼎据考证是同一“祖先”。

首先，铜鼎与铜鼓都是由新石器时代炊具陶釜演化而来的，皆是人类的技术发展到可以进行青铜铸造，社会经济发展到可以大规模铸造青铜器的时候产生的，都使用了块范铸造工艺，无论是艺术设计还是铸造技术都达到了很高的水平。

鼎是由远古时期陶制的食具演化而来的。鼎的主要用途是烹煮食物，鼎的三条腿便是灶口和支架，腹下烧火，可以熬煮油烹食物。新

铜鼎

石器时代之后，社会进入了青铜时代。中原地区的青铜时代便是夏、商、周三代，这时陶鼎逐渐发展成铜鼎。由于统治者的需要，铜鼎在晚商和西周早期的铸造技术和设计艺术达到了高峰，种类繁多，大体可分为圆鼎、鬲鼎、扁足鼎、方鼎及异形鼎。鼎上饰有丰富夸张的动物纹样。

自从青铜鼎出现后，它又多了一项功能，成为祭祀神灵的一种重要礼器。青铜鼎多为圆腹三足，也有方腹四足的。鼎口处有两耳。在周代，就有所谓“天子九鼎，诸侯七鼎，卿大夫五鼎，元士三鼎”等使用数量的规定。随着这种等级、身份、地位标志的逐渐演化，鼎逐渐成为王权的象征、国家的重宝。统治者往往以举国之力，来铸造大鼎。秦代以后，鼎的王权象征意义逐渐失去。以后，伴随着佛教在中国的传播，鼎的形式得以延续。后代的鼎通常安放在寺庙大殿前，既是装饰物，又是焚香的容器。

其次，它们有着相似的社会文化功能，有着很多的共同特点：铜鼎与铜鼓都是礼器，都曾成为统治阶级权力的象征；铜鼎与铜鼓都用于祭祀，是沟通人神的礼器；铜鼎与铜鼓又都是财富的象征。铜鼎与铜鼓所处的时空不同，文化土壤不同，各自发展轨迹不同，社会文化功能也有很多不同之处，反映了中原地区和中国南方及东南亚地区的文化多样性。

司母戊大方鼎（资料图）

由于中原青铜文化发育得比较早，而且国家的产生也比较早，伴随着国家的形成，中原的青铜器成了国家政治权力的一部分。尤其是鼎成为国家政权的象征，出现了“立鼎”、“移鼎”、“问鼎”等与国家政权相关的词汇；而且铜鼎还成为“明尊卑、别上下”即统治阶级等级制度和权力的标志。不同等级的贵族列鼎多少有明确的规定，成了维持权力机构关系的角色。而中国南方青铜文化发育得比较晚，大约在春秋以后，南方的郡国始终没有发展成为如中原地区形态成熟的国家。《史记·西南夷列传》有着较为明晰的记载：“西南夷君长以什数，夜郎最大；其西靡莫之属以什数，滇最大；自滇以北君长以什数，邛都最大；此皆魋结、耕田、有邑聚。其外，西自同师以东，北至楪榆，名为嶲（xī）、昆明，皆编发，随畜迁徙，毋常处，毋君长，地方可数千里。”迄今考古发掘得到比较多的资料的应是云南晋宁石寨山滇王墓和祥云大波那木椁铜棺墓。铜鼓虽是这些君长的权力象征，但还没有像铜鼎那样发展到国家象征的地步，各级首领占有铜鼓的数量也未见有什么明确的规定，也就是说铜鼓还未成为明确维持社会等级秩序的角色。这就为铜鼓回到民间，成为南方少数民族普遍热爱的乐器提供了客观条件。

再次，由于铜鼓一开始就作为乐器出现的，所以衍生出广泛的社会文化功能，它用于歌舞、赛神、传递信息、指挥战阵，这些都是鼎不曾具有的。正因为鼎的社会文化功能比较单调，所以魏晋之后，它不再作为权力的标志、国家的象征，渐渐从政治舞台上消失，成为一种历史遗物。而铜鼓因为具有乐器的功能，所以生命力很旺盛。

明清以降，由于封建王朝对西南民族地区的统治加强，特别是改土归流以后，一些民族首领独霸一方的地位被流官所取代，原来那种号令一切的权威已大大削弱，乃至完全丧失。作为这种统治权威化的铜鼓就失去了原来那种炫目的灵光。铜鼓由统治者手中的权力重器又回到民间，恢复了乐器的本来面目。

铜鼎作为权力的象征在失去作为权力象征的功能后，便成为历史文物，陈列于博物馆中；而由于铜鼓还具有音乐的功能，在失去作为权力象征的功能后，它又回到民间，渗透到我国南方少数民族地区人民的生产、生活的各个方面，成为活着的文化。

铜鼓的传播与发展

铜鼓出现后，由于其本身特有的功能，逐渐在我国南方地区传播开来，铜鼓技术不胫而走，铜鼓文化的分布范围不断扩大，类型也不断增多。铜鼓逐渐成为我国南方乃至东南亚少数民族人民生活的一部分，承载着南方少数民族人民的智慧、勤劳和梦想。

铜鼓是伴随着民族的迁徙、战争的推移和经济文化交流，以交换、贸易、征服、劫掠等方式播迁。这种相互渗透的作用，使得冶铸技术和铜鼓文化不断向前发展，并且与当地民族文化融为一体，有所创新。

在公元前 7 世纪左右，铜鼓从铜釜分离出来成为专门乐器，中心地点在我国云南中部偏西地区，即万家坝型铜鼓。当时生活在那里的民族是濮人，濮人是中国西南古代族群名。又称“卜”、“百濮”。商周时，濮人主要分布在江汉流域及其以南，后散居今四川、贵州、云南等地，与百越①杂居。濮人与百越民族有密切的联系，虽然隔着大山长河，他们还是互相往来的。

公元前 3 世纪至公元前 1 世纪，即战国时代晚期至汉代，铜鼓由发祥地逐渐东移，首先在滇池地区的晋宁、江川、呈贡等地发展成为形制成熟的石寨山型。石寨山型铜鼓时期（即战国至西汉时期）将铜鼓铸造技术大大提高了一步，比以前更为精美，铜鼓文化耳目一新，这也是社会生产力发展、经济发达、文化进步的必然结果，此时期铜鼓的发展跨入了辉煌时期。

石寨山型铜鼓逐渐呈扇形向东、南、北三个方向传播开去，整个中国南方地区和东南亚几乎都遍布了铜鼓的足迹。

滇池往东有两路传播方向，一路由南盘江流经贵州和广西交界地区，并与北盘江汇合成红水河，石寨山型铜鼓由此传播到百濮族群中的句町②和夜郎地区。这一路最东到达乌浒人聚居地区布山，即今广西贵港地区。

另一路通过西洋江、驮娘江顺流而下首先在广西的西林、田林传播发展。西林、田林曾是句町地盘，不仅出土过石寨山型铜鼓，20 世纪 60 年代西林普驮修筑公路时还发现了汉代铜棺葬及伴出物。铜鼓经西林、田林传至右江河谷，在右江河谷不仅出土了石寨山型铜鼓，而且也出土了早期铜鼓即万家坝型铜鼓。

---

① 百越又称百越族，是古代越人各个不同族群的总称。文献上也称为百粤、诸越。古文献中常泛指南方地区。

② 句町是壮族先民建立的少数民族王朝，主要在今广西西部和云南东南部地区。夜郎是汉代西南夷中较大的一个部族，原居地为今贵州西部、北部、云南东北及四川南部部分地区。乌浒人就是广西壮族先民的别称。

滇池往南，从礼社江到元江，向东南奔流，把石寨山型铜鼓带到红河三角洲。生活在那里的是百越族群的骆越人。由于他们原有较高的农业文化和青铜冶铸业，使铜鼓铸造工艺在这个地区获得了充分的发展，越南东山地区出土的大量铜鼓集中反映了他们的成就。

句町、夜郎地区的滇系铜鼓继续东传，在两广地区南部形成一个新的被人们称为粤式铜鼓的分布中心。这是百越族群的后裔乌浒人，也即后来俚人的活动地区。他们与北边的楚、西边的滇、南边的骆越密不可分，并把铜鼓传播到广东的云浮和阳江，经雷州半岛直抵海南岛。

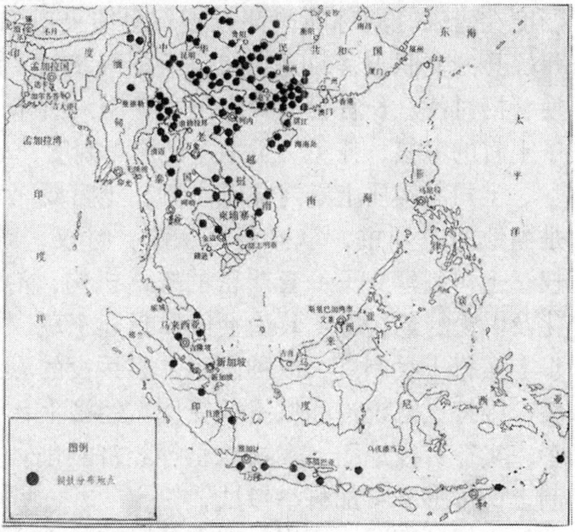
世界铜鼓分布示意图

越南北部的一支往南发展，到老挝、柬埔寨、泰国、马来西亚，远至印度尼西亚的爪哇、苏门答腊和甘尼安岛，往东到卡伊群岛的土瓦岛，最远到达巴布亚·新几内亚。在这些地区的铜鼓也各具特色。

滇池以北，沿着金沙江，使石寨山型铜鼓很便利地散布到四川南部地区，往东北遍及贵州全省，最东到达湖南西部山区。在贵州和桂西北，经过遵义型铜鼓发展成为麻江型铜鼓。云南南部往西，铜鼓文化流入缅甸掸邦地区，在这里形成一个晚期铜鼓的铸造中心。

铜鼓在传播过程中不断与各地的文化相交融，碰撞出奇妙的火花，铜鼓逐渐成为中国南方甚至东南亚地区文化的纽带，传播并传承着中国南方灿烂的文明。

铜鼓回到民间

铜鼓从出现开始并不是为平民百姓拥有，前面提到过，铜鼓不仅仅是一种乐器，更是我国古代南方少数民族地区头领权力和财富的象征，而铜鼓回到民间，衍生出广泛的社会文化功能，这就要同我国历史上的“土司制度”和“改土归流”联系在一起了。

土司制度是元、明、清三代对南方民族施行的一种统治制度，也是元、明、清三代在南方民族地区采取的一种封建民族政策，因此土司制度对南方民族产生过很大的影响。自元、明、清以来南方各民族历史无不与土司制度有着千丝万缕的联系，使整个南方民族的封建社会都是随着土司制度的出现、发展、衰落而起着微妙的变化。

土司制度亦称“土官制度”。其目的是当政者“以夷治夷”。土司制度在唐宋时期称羁縻州制度，由中央王朝委任当地民族首领为府、州、县的文职土官，元朝加强了军事统治，设置宣使、宣抚使、安抚使、招讨使、长官司等武职土官。明沿袭宋、元制度，并进一步完备了土官的考核、任免、贡纳、征调等制度。

土司制实质上是封建领主制，土官既是政治上的最高统治者，又是当地的大领主，掌握着军、政、财权，对农奴有“生杀予夺”之权。土司制建立了一套严密的统治机构，治理辖境的政治、经济、文化及诉讼、刑罚等。政治上依靠封建王朝，册封世袭，划疆分治，军事上实行土兵制度，以种官田、服兵役的方式，把农奴组织成土官武装，维持土官统治和供王朝征调。经济上，土官是辖境土地最高所有者，实行劳役地租、实物地租等经济剥削。文化教育方面，则严格控制土民读书和参加科举考试。

土司制度适应了当时南方各民族的社会经济基础和生产关系，它作为一种新兴的统治制度，在当时的历史条件下无疑是一种进步，对南方各民族社会产生了一些积极的影响。土司制度废除后，作为这种统治权威化的铜鼓就失去了原来那种神圣的荣光，铜鼓由统治者手中的权力重器又回到民间，恢复了乐器的本来面目。它回到民间，与普通老百姓的生老病死联系在一起，与少数民族地区的宗教活动联系在一起，成为南方少数民族地区特有的文化。铜鼓与中国南方少数民族地区的人民生活息息相关，不仅可以看做是一部民族文化的百科全书，而且是一部生动的民族科技史文献。

第二章

铜鼓的传说

铜鼓纵贯历史长河，流传着无数动人的故事和美好的传说。铜鼓自身的历史也是迷雾重重，人们为追寻铜鼓的来龙去脉，演绎过许多有趣的故事。相传铜鼓是由传说人物创造的，有的认为是从天上掉下来的，有的说是从水里冒出来的，不一而足。中国南方的壮族、布依族、苗族、瑶族、彝族等民族都有关于铜鼓的各种传说。

壮族民间传说

关于铜鼓的来历，很多壮族地区都流传着铜鼓是布洛陀制造的传说。布洛陀是壮族先民口头文学中的神话人物，是创世神、始祖神和道德神。

铜鼓是布洛陀造的

壮族开天辟地的祖先是布洛陀，他创造了天地和人以后，就在天上安了家。为了照看子子孙孙方便，布洛陀把壮家人安排住在高山大岭上。高山大岭离天很近，他把头一低，就能看见子孙的日子过得好与不好。

开始，壮家人住在高山大岭上，日子过得挺好的，白天太阳普照着大地，晚上又能得到月亮的光辉照耀。即使太阳、月亮都睡着了，还有许多星星瞪着亮闪闪的眼睛，守卫着天上和人间。后来，人多了，布洛陀觉得天地不够用，便把天地之间加宽。天和地离得远了，山岭也跟着离天远了。山岭里的一些旮旯角落就无法享受到太阳、月亮、星星的光辉，久而久之，这些长年阴黑的旮旯角落生出了许多毒虫恶兽和妖魔鬼怪。这些毒虫恶兽和妖魔鬼怪，四处乱窜，时常闯进村寨伤害人畜。人们一追，它们又溜进旮旯角落里躲起来，从此壮家人的生活就不再安乐了。于是，人们托风大哥上天去求布洛陀，把星星摘下来安在地上。只要星星把旮旯角落都照亮，毒虫恶兽和妖魔鬼怪无法躲藏，人们就平安了。

布洛陀知道事情后，就来到地上。他对人们说："大家的灾难我知道了，要我帮忙做点什么呢？"人们齐声说："大地上样样都好，就是缺少星星。请您把天上的星星摘一些下来安在地上，我们的生活就安宁了。"布洛陀想了想，笑着说："摘天上的星星太远，不如让我们自己动手造吧。"

布洛陀带领人们挖来三彩泥，做成很多两头圆大中间小的模子，又采来好看的孔雀石，用大火烧炼。三天三夜之后，孔雀石变成了熔浆。布洛陀领着人们把熔浆倒进了三彩泥模子里。不一会儿，人们面前堆满了两头圆大中间小的、有四只耳朵的金光闪闪的东西。这些东西上面有刀箭、斧凿、鱼叉、耕织、狩猎、航行、游戏和占卜等许多图案；它一头封顶一头空，封顶上边有一个又大又亮的星星。大星星周围还有许多小星星。人们呆望着这堆金光闪闪的东西，不知道该如何称呼它们。布洛陀拎起一个来，用拳头照大星星一擂，那东西就"抛曼抛奔"，"抛曼抛奔"地响起来。响声像雷一样，震得那些躲在旮旯角落里的毒虫恶兽和妖魔鬼怪肝裂胆破，东奔西逃。布洛陀一边擂着金光闪闪的东西，一边说："这些东西叫阿冉①，它们就是地上的星星。它会帮助你们驱赶毒虫恶兽和妖魔鬼怪，保护村寨；它也会领着你们唱歌跳舞；它身上还有许多图案，可以教你们学习本领。有了它，你们就可以安居啦！"

布洛陀回天上去了，人们就按照他的嘱咐，从铜鼓身上的图案学会了高超的耕种、纺织和打猎本领，学会用孔雀石来炼成刀斧箭叉。要是发现毒虫恶兽和妖魔鬼怪，人们就擂响铜鼓，把它们赶走；人们想要唱歌跳舞了，也擂响铜鼓……铜鼓的用处太多了。不久，千山万岭上的壮家人家家户户、村村寨寨，都照布洛陀造的铜鼓的样子，造出了千千万万铜鼓。铜鼓越造越多，多得像天上的星星一样。人安居乐业了，就唱歌来赞颂铜鼓：

---

① "阿冉"：壮语，即铜鼓，"抛曼抛奔"意为"保村保寨"。

天上星星多，
地上铜鼓多；
星星和铜鼓，
给我们安乐！

这歌，就一直流传到今天。①

蚂拐节时为什么要敲打铜鼓

“蚂拐节”是壮族先民蚂拐（青蛙）崇拜的遗俗，每逢正月末、二月初子日（属鼠日）这天，居住在广西西北部红水河上游一带的壮族群众都有过“蚂拐节”、跳蚂拐舞的风俗。方圆数百里的群众悉心装扮，穿上最美的服饰，带上五色糯饭、粽粑、腊肉等，擎着灯笼火把络绎不绝奔至预先约好的地点欢度蚂拐节。当主持人宣布节日开始时，先进行埋蚂拐的祭祀活动，接着唱蚂拐歌，跳蚂拐舞。舞蹈内容丰富，舞者头戴各种鬼神、兽犬面具，半裸身子，面部、胳膊、大腿用蓝、黑、白三色颜料画出道道痕印。舞姿古朴、豪放，观者如云，站满高地山坡。当舞者舞至精彩处，观者会发出“呼—喂”的应和声，从早到晚，通宵达旦。人们通过祭拜蚂拐祈求风调雨顺六畜兴旺。过蚂拐节的时候，凡有铜鼓的村寨必用铜鼓。关于蚂拐节用铜鼓，还流传着这样一个故事。

红水河流域壮族过蚂拐节

相传古时候有一个人嫌蚂拐叫声太吵，将一锅滚水泼向有蚂拐的田野里，许多蚂拐都被烫死，没死的也全都跑光了，从此田野一片寂静。也就从这时起，连续三年大旱，庄稼颗粒无收，人们的生活变得极其困难。惊恐万分的人们，急忙去找他们的祖先布洛陀。布洛陀听完缘由之后说：“蚂拐是雷公的女儿，是雷公派到人间来帮助人类的。你们烫死了蚂拐，惹怒了雷公，所以不再给你们下雨。解救的办法是，

① 《中华民族故事大系》第三卷，421～424页，上海文艺版社，1995。

蚂拐节上的拜铜鼓舞　刘　莉　摄

将那些死了的蚂拐骨头捡好，分发给各村寨，让大家都来隆重地祭祀和安葬它们，只有这样才能得到雷公的宽恕。”人们听了布洛陀的话，每年都祭祀蚂拐，这就是蚂拐节的来历。但是怎样才能使远在天上的雷公知道人们所做的这些事呢？布洛陀说：“你们在举行蚂拐节时要敲打铜鼓，只有铜鼓才可以把人间的信息传到天上。这样雷公才会知道你们是真的知道自己的错误了，在祈求他的原谅。”于是人们就在蚂拐节中打起了铜鼓，目的是为了让雷公知道人间的祭祀蚂拐的活动。①

铜鼓能守护寨子

铜鼓还起着守护寨子的作用，一些壮族地区流传着这样一个传说：

从前，壮家人居住的九龙寨里有一面威力无边的大铜鼓，它守卫着寨子的安危，在寨子有难时还可以擂响它召集附近寨子的人一起抵抗敌人。在铜鼓的保护下九龙寨的人们安居乐业。当地的土司看到寨子生活富足就想要霸占寨子，但又担心不是铜鼓的对手，就想方设法来破坏这面铜鼓。他派出奸细扮作卖酒的人潜入九龙寨，在夜里把鼓手天轰轰灌醉，然后把铜鼓砸成四块烂铜片。第二天天刚亮，土司就领着军队来进攻寨子，铜鼓已经被敲碎了，人们没有办法让附近村寨的人得到敌人来侵犯的消息，也就无法一起来共同抵抗土司的军队。

① 蒋廷瑜：《壮族铜鼓研究》，273页，广西人民出版社，2005。

壮族男子在蚂拐节中打铜鼓　蒋廷瑜　摄

为了保卫寨子，鼓手天轰轰决定重新赶铸大铜鼓。但铜水很难熔，得烧好久，可是大敌当前时间来不及了，要怎么样才能让铜很快地熔化呢？天轰轰犯难了。这时他的妹妹锦花花就对他说："哥，铜水是红的，我的血也是红的，就让我用我的鲜血来加快铜的熔化吧。"于是锦花花用宝剑割开她的左手动脉让血流进炼铜的炉子里，遇到鲜血的铜很快就熔化为红红的铜水，天轰轰用这红铜水铸成了一面大铜鼓。因为铜水里流着锦花花的鲜血，所以那面铜鼓也变得红彤彤的十分好看。再一擂鼓声响彻云霄。远近村寨的人民听见铜鼓声，知道九龙寨里遇上强敌了，便一队一队的从四面八方向土司包围过来，把敌人打得七零八落。①

铜鼓的鼓耳上为什么穿着黄猄角

壮族人喜欢在铜鼓鼓耳上穿黄猄角。传说壮族的铜鼓会飞，用黄猄角穿鼓耳，可以留住铜鼓。

铜鼓是有生命的精灵。白天，他们是一个个不动的铜鼓，一到夜间，他们就变成英俊威武的后生，挎着刀箭、骑着最能跑的黄猄，守卫村寨，巡视山河田地，驱赶毒虫恶兽，妖魔鬼怪。有时，他们也到歌圩跟姑娘

① 农冠品、曹廷伟：《壮族民间故事选》第一集，广西人民出版社，1982。

们对对歌，到兰弄的火塘边同妹子们谈情说爱。

耳上拴着山羊角的铜鼓　蒋廷瑜　摄

相传壮家村寨的河流，都是通海的。海龙王的女儿见铜鼓英俊威武就爱上铜鼓了。铜鼓也十分喜爱龙女的美丽善良，夜里就常常去跟龙女约会。他们夜夜相会，直到天上布洛陀的金鸡叫了，他们才回各自的村寨来。所以每天早晨，人们都见一道道湿漉漉的水印从河边直延伸到寨子里，而且还发现铜鼓身上挂满水青苔。头天替他刮干净，第二天清早一看又挂满了。有的铜鼓舍不得离开龙女，就干脆在龙宫里住下来，永远不回来。为了使铜鼓不再去跟龙女约会，人们用绳子把铜鼓拴住，可是，人们用牢实的棕绳、麻绳拴不住，用铁链也拴不住。依旧每早都见河边有水印进寨子，依旧每早铜鼓身上都挂满水青苔。时间一长，留在龙宫的铜鼓越来越多，寨子里的铜鼓却越来越少。毒虫恶兽和妖魔鬼怪知道保护寨子的铜鼓夜里要外出，而且铜鼓也没以前那么多了，就趁机进寨来偷鸡摸狗，咬猪咬羊，吃人吃马；瘟鬼还在夜间放出飞蛾来吃禾苗伤害花草果木。

壮家乡亲知道实在拴不住，但又不能眼看着寨子被恶兽和妖魔侵犯，于是他们去请懂法术的抱剖（长老）烧香念咒文，乞求铜鼓不要每晚外出，要他们留在寨子里坚持守卫、巡逻。

拴有羊角的东兰金谷龙法鼓　蒋廷瑜　摄

正在热恋中的铜鼓，和龙女的感情深厚，要他们永不相聚，该多么痛苦呵！可是，金子心的铜鼓听了抱剖的咒文，知道因为自己的失职，村寨才遭受了灾难，他们觉得十分痛心，决心改过。他们忍住痛苦对抱剖说：“你把黄猄角穿在我们耳耳里吧！穿上黄猄角我们就能时刻记着自己的职责，就不会再离开村寨了。”

抱剖马上告诉乡亲们，把黄猄角穿在铜鼓的耳耳里。从此，人们早上再也不见河边有水印进寨子里了，铜鼓身上也再没有水青苔了。毒虫恶兽和妖魔鬼怪也不敢再来行凶作恶了。

日子太平了，人们又安乐了。一些在夜间游玩的人，常常发现有骑着黄猄的猎手在寨子里外巡逻，但又不认识，便去问抱剖，抱剖赞叹说：“这就是忍痛离开了情人，忠诚守卫村寨的铜鼓呀！”①

铜鼓为什么埋在地下

铜鼓是壮家人的宝贝，但奇怪的是壮族人时常会在挖地的时候挖到铜鼓，壮族人认为谁若是能挖到铜鼓，这人的运气就是非常好了，就像中了大奖一样。为什么会把铜鼓埋在地下呢？壮族地区流传着这样一个传说：

广西扶绥县恒丰从地下挖出铜鼓

很古的时候，壮族的地方有一口从山洞里流出来的清泉。这口泉

① 农冠品、曹廷伟编：《壮族民间故事选》第一集，52～53页，广西人民出版社，1982。

的水是从天上蜜房中流下来的，所以特别甘美。有一对雪白的鹅常在泉流中游泳戏水，所以又叫白鹅泉。这对白鹅是掌管甘泉的神鹅，只要这对神鹅走过的地方，甜蜜的泉水也就流到那个地方。白鹅喜爱壮家人，壮家人也敬爱他们，白鹅走遍了壮乡，甘泉也就流遍了高山大岭。有了甘泉的浇灌，壮乡的花特别香、果特别甜，人们也特别幸福。

天底下有善良的白鹅，也有狠毒的毒兀（壮语，是一种神物，有人译为蛟龙）。毒兀为了抢夺人们的幸福，起坏心要捏死白鹅，霸占甘泉。一个漆黑的夜晚，毒兀偷偷地摸到甘泉边，张开大口，向甘泉洞里喷毒气。白鹅为了躲避毒气，就只好回到泉洞尽头的老窝巢中去了。

白鹅去了，甘泉也就干枯了。毒兀霸占了泉洞，到处祸害人，壮乡也就遭了难。这时，有个叫阿冉的后生，他是铜鼓变的。阿冉是个猎手，专射害人的野兽。他见毒兀作恶，乡亲们生活难过，决心去杀死毒兀，请回白鹅和甘泉。

把刚出土的铜鼓抬回家　［日］吉开将人　摄

一天，阿冉脚下踏着一对燃烧着的铜鼓，冲进了泉洞，穿过重重石门，跨过堆堆白骨，找到毒兀，毒兀见到阿冉，马上抬起头，张开口，吐出红信子，对着阿冉喷毒气。阿冉脚下燃烧着的铜鼓，一下子腾起几丈高的火焰，把毒兀喷出的毒气烧散了。于是拉开弩，搭上青冈梨木马蜂箭，对着毒兀的大口连发十二箭。毒兀被射伤了，更凶狠，猛扑来咬阿冉，阿冉抡起大刀，朝毒兀的头砍去。

就这样打了十四天，终于把毒兀杀死了。但阿冉自己也筋疲力尽了。不过阿冉不肯歇息，又向石洞深处走去。他拐过九曲石廊，走过长长的石河畔，绕过重重石台阵，最后跳过了十三个无底深潭，来到石林。石林的道路很是复杂，阿冉费了几天工夫才在一个石窝里找到那对白鹅，并请它们回去。

可是受了惊的白鹅，不愿再出洞了。阿冉就亮起歌喉，唱起歌来，唱过去和乡亲们与白鹅相处的欢乐，唱白鹅走后人们所受的灾难，一直唱了十三个昼夜。白鹅终于被感动了，它们答应回到水源去，可是它们胆小，要有一个卫士来帮助它们守水源，这样也不用再担心有恶人来欺负它们。

阿冉决定帮助白鹅守水源，可是白鹅又说："可是要镇守水源，就得变成一块石头，永远盖在水源的洞上，深深地埋在地下……"阿冉说："我已打定主意做水源的守卫人了，请神鹅放心！我在地下，能看见地上五谷丰登、六畜兴旺；能听见乡亲们的欢笑和歌声，不会闷气，更不会孤单。"说完，他把白鹅扶下石窝，把甘泉引到河床，一直护送白鹅和甘泉回到人间。当人们欢歌起舞时，阿冉却悄悄地回到石洞的尽头，变成了一块铜鼓石，盖在水源洞上，永远忠诚地守卫着人们幸福的源泉。

铜鼓就是因为这个，才把自己埋在地下的。①

铜鼓为什么分公母

壮族铜鼓分为公鼓和母鼓，铜鼓师在制作铜鼓时要成双配对，一公一母。为什么壮族的铜鼓要分公母呢？红水河流域的广西东兰县大同乡一带流传着这样的传说：

传说上古时代红水河里水怪"毒兀"经常作怪，洪水常常泛滥，人们的生命经常受到威胁，于是人们就找到他们的祖先布洛陀让他帮助降服水怪。于是布洛陀就造出了一面铜鼓，那是一面母鼓，母鼓与龙一道降服红水河里的水怪"毒兀"，于是布洛陀就把母鼓留住人间来保卫人们不再受到水怪的祸害。离开一起并肩作战的好朋友龙之后，这面母铜鼓常感到很孤单，经常怀念与龙在一起的日子，她常在夜间

---

① 《中华民族故事大系》第三卷，426～428页，上海文艺出版社，1995。

天峨都龙公鼓　蒋廷瑜　摄

天峨都龙母鼓　蒋廷瑜　摄

跑到河边去哭泣，希望能与龙在一起。人们看到母鼓实在太孤独了，担心她跑去找龙不再回来，人们就没有铜鼓来保卫他们的安危了，于是就再去求布洛陀再造一面公鼓，这样有了同伴的母鼓就不会离开人们了。从此以后，铜鼓就有了公、母之分。

布依族民间传说

铜鼓是布依族古老的打击乐器之一，常与唢呐、革鼓、大镲、铙钹、锣木棍混合敲击吹奏，具有布依族的民族特色。铜鼓是布依族文化中不可或缺的一部分，布依人称铜鼓为安您（音译）。布依族地区几乎每个村寨都有一面到数面铜鼓，有的是家族共用一面，有的是几个姓共用，通常都是族中的长者或有一定威望的人保存。布依族视铜鼓为有灵性之物，在其两耳上系着红绸以示镇压邪恶。平时铜鼓是不能“见天”的，人们把铜鼓放在谷堆中存放或是以红布遮盖。只有在过年或“砍嘎”、送丧等隆重场合时才能将铜鼓取出使用。动用铜鼓时，人们

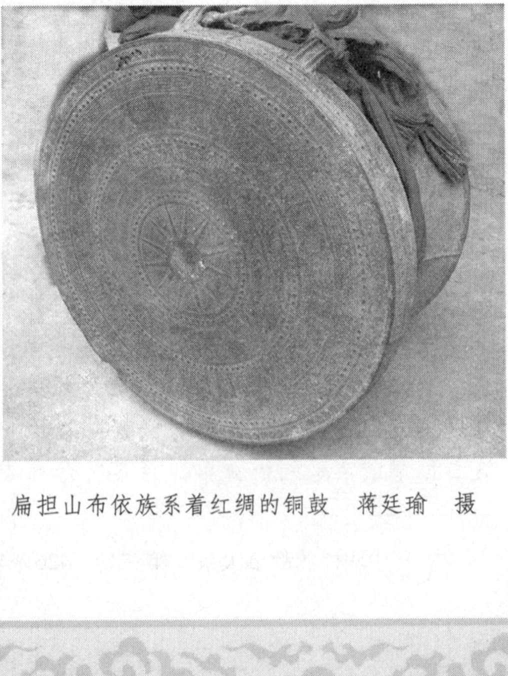
扁担山布依族系着红绸的铜鼓　蒋廷瑜　摄

要举行庄严而神秘的祭鼓仪式。寨中的长者率领寨中所有已成家立业的男人一起进行庄严的祭鼓仪式。长者带头喊出他们祖辈相传的祭鼓词，晚辈们附和着长者，泼出碗中敬神的米酒。

布依族铜鼓的来源

铜鼓从哪来？很多布依族地区都流传着不同的传说。

1. 布依铜鼓从天上来

传说以前布依族的老人死了，总是上不到十二层天成仙，只能到十二层海的地府里去。天上的太白星看到布依族的老人只能下地府受苦就起了怜悯之心，在一天晚上，托梦给布依族的祖先布杰说："凡间的老人去世了，要想上十二层天去成仙，就得让天上的仙人知道凡间有人去世了，你们得到天上去向天神讨一面铜鼓，在老人死的时候，敲响三声铜鼓。因为铜鼓的声音又大又响亮，天神听到铜鼓声，就会派仙人下凡来把死者接引上十二层天去成仙。"太白星捋了捋胡子又告诉布杰说："你只要沿着青龙山顶的那棵马桑树向上爬就能爬到天上去。"

第二天，布杰醒来，按照太白星的指点，爬上高高的青龙山顶，又顺着马桑树爬了九天九夜，身上被树桠杈戳了几多血眼，但他一心想得到铜鼓来超度死了的老人上天，就咬紧牙继续往上爬，终于爬到了南天门。

布杰进了天庭，向天神把来意说了。天神想试他一下，看他是不是真的有孝心，是为了布依族的老人而来。就说道："你要一面铜鼓超度死了的老人上天可以，但我要问你一件事，你若答得对，就送给你，答不对，就不给。"

布杰忙说："你问吧。"

天神说："天上地下，哪个为大？"

布杰听了心想："这天神是想要我奉承他，夸他为大吧？我不能为了得一面铜鼓说与良心不合的话！"想罢，就一本正经地说："天上地下，爹妈为大！"

天神听了，心里高兴，但故意板起脸说："你说得不对，应该数我为大！"

布杰并不改口，认认真真地说："你再大也是你爹妈所生呀，没有爹妈，你从哪里来呢？"

天神听了，非但不怒，反而开心地大笑起来说："看来你是个真正有孝心的人，不说假话。那就送你一面铜鼓吧！今后凡间老人死了，只要敲三声铜鼓，我就会差仙人去把他接引上天来。"

布杰谢了天神，背着铜鼓，高高兴兴地走出南天门。因为太高兴，他脚下绊着南天门门槛，一跟斗摔到地下跌死了，铜鼓也被摔了个洞。至今，铜鼓的那个洞还保留着哩。

有了铜鼓，人们就敲起铜鼓把布杰超度上天成了仙。

从那以后，布依族老人死了，就敲三声铜鼓，天神就知道凡间有老人去世了。人们再敲九声铜鼓，为死者上天"开路"，这样布依族老人就会在仙人接引下升到十二层天去成仙了。①

2. 布依铜鼓从水里来

古时候，在布依族居住的地方有个大海子。海子边上有个茅棚，茅棚里住着一名孤儿，名叫古杰，他以在财主苏海八家帮工为生。古杰的家里很穷，过年了古杰没有好酒菜来供奉祖先，他就去海子边钓鱼。他钓了很久才钓得一尾活蹦蹦的大鲤鱼，准备用来敬供祖宗。古杰回到家里后，看见鲤鱼摆动着红尾红鳃，就像一位穿着红衣裙的姑娘，舍不得杀，便把鲤鱼放进水缸里养着。

古杰正在入迷地观看那条鱼时，财主苏海八带领几个家丁破门而入。财主用手指着古杰，凶神恶煞地吼叫："咳，勒甲，你胆子不小哩，竟敢捞我海子里的鱼来过年了?"说罢，指挥几个家丁冲上前去，把那尾鲤鱼抢走了。

古杰很是担心那条美丽的鲤鱼，就追到财主家，以第二年秋收后还苏海八三斗米的代价换回了那条鲤鱼。古杰把鱼带回家来，看到那鱼都快要死了，忙把它放进水缸里，又去找了些虾草来喂养着。当天夜里，古杰做了个梦，梦中，他听见水缸里有位姑娘说道："拿宝珠去，镶在你的锄头上。"

第二天醒来，古杰走到水缸边，发现一颗闪闪发光的宝珠在缸底里，他想起梦中姑娘说的话，就把宝珠捡来嵌在自己的锄头上。

正月初一，是布依山寨最热闹的日子，寨上的小伙子都到歌场上找姑娘们对歌丢花包去了。古杰却扛起锄头，天不亮就上山开荒种地。天黑回到家，发现有一个美丽的姑娘在灶边煮饭。古杰忙上前问她

---

① 汛河：《布依族民间故事集》，71～73 页，中国民间文艺出版社，1982。

是谁。

姑娘说，她就是那条鲤鱼，她是龙王的三公主，在湖里游玩被古杰钓了上来，又被财主苏海八抢去，险些被吃掉了。幸亏古杰搭救，才免一死。为了感谢古杰，她决定嫁给古杰，给他洗衣做饭。

婚后，古杰用公主送的宝珠锄头种植庄稼获得了大丰收，但苏海八的债是利滚利，总是还不清，日子过得十分艰辛。于是，公主就跟古杰说："龙宫里有一件宝物，它能让咱们过上幸福生活，你跟我去一趟吧。"

于是古杰就同公主一起回龙宫去，在去龙宫的路上有层层艰难险阻，古杰都一一通过了。龙宫到了，但是十道龙门都上了锁，敲门也没有人应。于是古杰骑马绕着宫墙转了三周，发现十道龙门上都各挂着两面宝物，下马仔细一看，这宝物周围还刻有各种花鸟图案龙飞凤舞，十分好看。古杰从未见过这东西，也不知叫什么名字，他纵身跳上墙头，用拳头猛击三下，这宝物便发出惊天动地的隆隆声，声音就传到龙王那里去了。听到鼓声后，龙王就派人给古杰和公主开门。

龙王见到三公主带回了一个凡间的后生，十分生气。三公主哭着告诉龙王说："我在人间游玩时不幸遇难，幸亏有古杰搭救，为了感谢古杰的救命之恩才嫁给古杰的，但因为财主苏海八的剥削，生活过得十分艰难，所以回来求父王给我们一件宝物，让我们以后能过上幸福美满的生活。"

龙王听女儿说了缘由之后说："那我就送你们一件宝物吧！它能呼天唤地，音传万里，吸水成金，装土变银。平时你们千万要好好保存，不许乱摸乱敲，只能在欢度年节时、老人去世时、人间发生战争时，才取下敲十二棒，我听到了声音，就去你们那里吃丰收酒、超度老人升天、帮助你们战胜敌国……"

古杰与公主听了龙王的吩咐，二人抬着这件宝物，告别龙宫。来到龙井里，他们坐上船划过了火海，跨过十二层海域，终于回到人间。这一天正是人间的大年正月初一，当他们坐在龙井边休息的时候，看到井里涌出的井水颜色很是好看，既像金子一样的耀眼，又像银子一样的洁白，于是他们就用龙王送他们的宝物装了一担"金银水"，高高兴兴地抬着回到家里。

他们用这水沐浴，一年到头不生病；用这水喂牲口，猪肥牛壮。龙王送给古杰夫妇的宝物就是铜鼓，有了铜鼓的保护，古杰和公主的

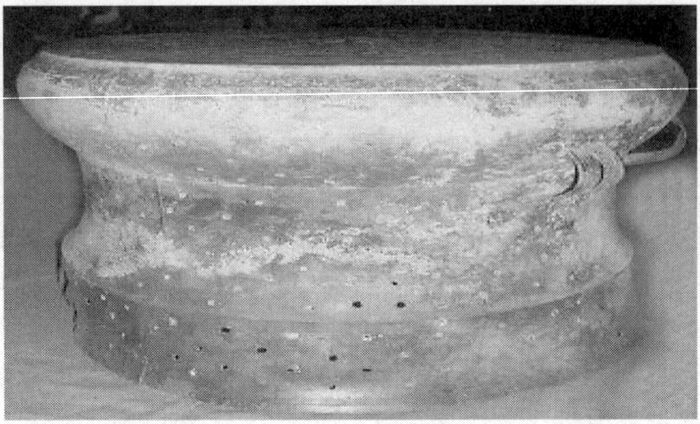

从邕江打捞出水的铜鼓　蒋廷瑜　摄

生活过得十分幸福，一年很快就过去了，到了新年古杰想起龙王的吩咐就拿下了铜鼓敲响了十二声，请龙王来和他们一起喝丰收的年酒。

寨里的人听到铜鼓声，都来看热闹，财主苏海八也挤在人群看到这龙飞凤舞的铜鼓，想占为已有，当他刚刚伸手正要去摸，只见铜鼓宝光四射，刺得老财主睁不开眼来，顷刻间便昏倒在地。

古杰和公主过年时敲铜鼓，去井边挑“金银水”，生活过得十分美满幸福，于是，大家都学着他们每年春节时敲起铜鼓，也都争着去挑“金银水”，这样布依人家每年都能五谷丰收，人畜兴旺，过上幸福的生活了。①

铜鼓井的传说

贵州省黔西县治中乡铜鼓村西北面的一座半山腰上，在一洞穴里，有一口井被当地村民称之为“铜鼓井”。

传说，有一天中午，村民们突然听到“咚、咚”的鼓声，这鼓声深厚古朴，铿锵有力，整个寨子的布依族同胞都能听到，大家都以为谁家在办喜事。可好奇的人们寨前寨后寻找后，也没有发现谁家办喜事。这时，寨中的一位妙龄少女去洞里的井边汲水，听见鼓声是井里传出来的，且有一道道金光从井中射出来，姑娘在井口低头细看，发现井里有面铜鼓在欢闹，于是她就解下自己的花围裙捞起这面铜鼓。

① 贵州省民族事务委员会、贵州省教育科学研究所主编：《贵州少数民族民间故事选》，贵州人民出版社，1985。

铜鼓桥　蒋廷瑜　摄

谁知捞起铜鼓后，洞中还有铜鼓的响声，而且那铜鼓在不停地往上跳，似乎要跳出水面。原来井里的两面铜鼓是一对“姊妹鼓”，这对姊妹鼓不忍分离，所以在“姊鼓”被打捞起来后，“妹鼓”也要跟着跳出井来，两姊妹要长相聚首在世上。所以姑娘就把“妹鼓”也打捞起来带回寨子里。从此以后人们就把这井叫做铜鼓井。直到现在人们还时常会听到井里发出“咚、咚、咚”的响声。后来人们根据铜鼓井的来历，将该村称为“铜鼓村”，此名一直沿用至今。①

铜鼓为什么有一个缺口

现今布依族所使用的铜鼓中，大多数均有一破缺口，据说有的家族还特意将完好的鼓边敲个缺口或打两个小孔。为什么会这样呢？

传说很久以前，在布依族人居住的哪叭寨前有一条河，河里有一面“公鼓”，寨里的“母鼓”一听到河中“公鼓”的响声，就要往外跑到河中去找“公鼓”。有一天，当“母鼓”又奔跑去找“公鼓”的时候，路过达寨脚的大沟边，有一位布依族妇女在沟边洗衣服，看到“母鼓”跑过来，于是妇女用槌衣棒一打，打破了“母鼓”的“裙子”（铜鼓的足部边缘），“母鼓”害羞了，就停了下来，不好意思再跑了。

---

① 蒋英：《布依族铜鼓文化》，33～35页，贵州民族出版社，2006。

所以现在寨子里廖氏家族保存的这面铜鼓的“裙子”也有一个缺口。

有缺口的铜鼓　蒋廷瑜　摄

还有一种说法是人们认为“公鼓”与“母鼓”时常从家中飞跑出来“幽会”，于是担心它们私奔后不“回家”。对“公鼓”，人们就将它“阉割”；对“母鼓”而言，就要撕破它的“裙子”，这样它们今后就不敢再往外跑了。有的布依族地区，也将“公母鼓”称之为“姊妹鼓”或“夫妻鼓”。

铜鼓与牛王节

居住在独山地区的布依族有一个风情浓郁的民族节日“四月八”牛王节。这节日是怎么来的呢？铜鼓又是怎么与牛王节产生关系的呢？

从前，布依族的村民穷得买不起耕牛，用人拉犁拉耙，又累又慢。老人叹息道：“听祖辈说，天庭有神牛，力大无比，唉，要是真有一头神牛来耕田，可就好了。”小伙子阿牛听了后决定去把神牛找来，于是，他带上干粮，背上弓箭出发了。阿牛走呀走呀，一天来到一个寨子，他又累又渴，见寨边有一眼水井，便跪在井边捧水喝。他喝着水的时候，忽然听到井里有说话声，觉得奇怪。他仔细一瞧，井壁还挂了一面铜鼓，便好奇地敲响铜鼓。当他敲到第九下时，天王听到铜鼓声，便驾云下凡来到阿牛面前，问道：“阿牛，你敲铜鼓，想干什么？”阿牛便说起村里没牛耕田，辛苦难当，他要去寻找神牛。天神说道：“那好吧，今晚我就送你一头神牛。”晚上，随着寨后山顶一声雷霆响过之后，一头神牛果然温顺地来到阿牛身边。

当地头人听说阿牛用神牛犁田拉耙，又快又省劲，便说道：“谁要能在四月初八前的十天内，把我的一千亩田地犁完，我就把女儿许配给他。”阿牛听说后，立即前来应试。在神牛的帮助下，阿牛果然在初七那天就把一千亩田犁好耙平，插上稻秧。

头人又惊又喜，可他还想再试试神牛的力量和勇气，便宣布初七那天进行斗牛：“神牛若能斗赢了一百头大水牯，便把五个女儿中的一个嫁给阿牛。”面对一头头膘肥体壮、犄角又宽又尖的大水牯，神牛越斗越勇，把一百头大水牯全斗败了。

头人只得允诺把女儿嫁给阿牛了。但头人有五个女儿究竟把哪个女儿嫁过去呢？头人让阿牛自己物色，阿牛说那就让神牛来做主吧。于是头人让五个女儿分别给神牛献茶、敬酒、送饭，神牛要是吃了哪个女儿的茶、酒、饭，谁就与阿牛成亲。第一轮比赛是给神牛献茶。五姐妹分别端上了各自沏的红茶、绿茶、高树茶、矮树茶、苦丁茶。神牛用鼻子闻了闻，把苦丁茶喝了。第二轮是给神牛敬酒。五姐妹分别端来自酿的糯米酒、高粱酒、包谷酒、麦子酒、紫泉酒。神牛嗅了嗅，喝了紫泉酒。第三轮是向神牛送饭。五姐妹分别端来红、黄、白、绿、黑五种不同颜色的糯米饭。神牛看了看，把黑糯米饭吃了。而这三样东西都是五妹做的，于是神牛做大媒，阿牛和五妹成了亲。后人为纪念神牛，在每年的四月初八那天，布依村寨家家户户都要熬苦丁茶，酿紫泉酒，蒸黑糯米饭，以祭祀牛王和喂养自己的耕牛，并在村寨举行斗牛比赛。为了让天上的神牛能知道人们在给它庆祝节日，让神牛下凡来吃人们为它准备的食物，人们就在牛王节里敲起了铜鼓，只要敲到第九声，声音就能传给在天庭的神牛，它就会下凡来与人们一起欢度牛王节。

铜鼓腰部的牛纹

从此，每年的农历四月初八便成为布依族的重要节日，而这一天，敲打铜鼓也成为节日中最重要的一个环节。

瑶族民间传说

瑶族共有200万人，主要分布在我国广东、广西、湖南、云南、贵州和江西等省区。瑶族居住地区多为亚热带，海拔一般在1000～2000米之间，村寨周围竹木叠翠、风景秀丽。瑶族因其生产方式、居住和服饰等方面的不同特点而有多种自称和他称。如：茶山瑶、山子瑶、坳瑶、花篮瑶、红头瑶、布努瑶（番瑶）等，多达20多个支系。受居住地域限制，多数瑶族至今仍保留着原始的狩猎、捕鱼和农耕文化，以及精美的瑶锦、瑶服，古老的传说，动听的瑶歌，优美的舞蹈，独特婚俗和宗教信仰。

铜鼓是瑶族的神鼓，瑶族地区流传着很多与铜鼓相关的传说故事。

孕育着铜鼓文化的瑶族山寨

布努瑶铜鼓传说

布努瑶是瑶族的一个支系，每年农历五月二十九是他们传统的祭祀祖神的达努节。达努节又称“祖娘节”、“二九节”和“瑶年”。达努在瑶语中为“永不忘记”之意，为了永远铭记祖神密罗陀创世的功绩，人们在密罗陀生日达努节这天杀猪宰羊，杀鸡染蛋，举行盛大家宴。宴毕之后，人们穿着盛装、成群结队汇集“歌山”，吹唢呐，敲铜鼓，唱祝酒歌和撒旺歌，举行赛马、斗鸟、粉枪、弓箭等比赛活动。广西的巴马、都安、马山、隆安、平果等县的布努瑶每年在这一天都要举行祭祀和庆丰收活动。

关于“达努节”上敲响的铜鼓，有着很多美丽的传说：

在很久以前，天地还没有分开。在天地之间，有一面铜鼓相隔。铜鼓里头睡着一个高大的女人，她头枕着一对铜鼓，旁边有九个浮游的影子。他们是女人的护身猛将。这面铜鼓有九十九条金龙盘托，有九十九只凤凰陪伴。铜鼓里的女人高大无比，东海水深四万八千丈淹不过她的一双脚板，罗立山高十万八千丈够不到她的膝盖头，九州平地千万里放不满她的手掌，大江大河千万里长不过她的头发。她躺在铜鼓里睡啊睡啊，九千九百九十九年过去了，忽然有一天，霹雳闪电，粘连一体的宇宙震裂一条缝。金龙、凤凰齐声鸣叫：“醒来喽，密呀密①，快快来创世界，快快来造乾坤！”于是，密罗陀开始创造世界，万物人类诞生了。

密罗陀将铜鼓传给布努瑶之后，布努瑶人手舞足蹈“咚、咚、咚”地敲打起来。铜鼓一敲，烦闷的人都乐开了，糟蹋庄稼的野兽一听到鼓声都吓得躲开了，偷吃小米的鸟雀一听到鼓声慌得不敢出窝……从此，瑶家欢乐，庄稼丰收。光阴似箭，日月流水。密罗陀腰弯了，头发白了。一天，她把孩子们都叫到跟前，说道：“五月二十九是密的生日，这一天你们千万‘麻达努②’啊！”从此，每年的农历五月二十九这天，便成了布努瑶的年节，酒歌代代唱，铜鼓世世敲。③

巴马、东兰一带的布努瑶传说铜鼓是密罗陀的丈夫布洛西遗留下来的。他们是创造天地万物的仁慈父母。

那时，世上的山河横七竖八，凹凸不平，布洛西天天去挑山担水，重新安排山河。他为了治山治水，越走越远，难得回来。一天，布洛西回家对密罗陀说：“天无边，地无涯，我要把天下的山山水水全安排好才能回来，你在家料理家务，把三个儿子抚养好，等他们长大了，让他们各自去谋生。”说完，布洛西就远征治理山水去了。

---

① 布努瑶语，“母亲”之意。

② 布努瑶语，“不要忘记”之意。

③ 蒲朝军、过竹主编：《中国瑶族风土志》，234～235页，北京大学出版社，1992。

密罗陀牢记丈夫的嘱托，在家辛勤劳动，精心管护着三个孩子，教他们劳动生活。转眼过了二十年，孩子们都长大了，成为劳动好手。

一年一年地过去了，母亲密罗陀头发已经花白了。她想起丈夫布洛西临走时的话，就叫三个儿子到跟前说："孩子们，你们的爸爸交代过，你们长大了，应该各自去谋生了！"孩子们听了，虽然舍不得离开母亲，但也一一答应了。第二天一早，老大先起床，拿着一杆秤到坎者坎苏的地方去搞买卖生意，创家立业，生男育女，日子过得很好，成了今天的汉族。老二一起床，就扛着犁耙到平坝去犁地耙田，耕耘播种，安家落户，子孙满堂，日子也过得满意，成了现在的壮族；而老三年轻贪睡，日上三竿才起床，一看好的农具没有了，便哭着对妈妈说："阿密呀，哥哥们把家产全带走了，我拿什么去当家呀？"密罗陀说："家里还有一把砍刀、一把挖锹，一斗小米和一把包谷你就拿到山里去种吧。"于是，老三就进山里去开荒种小米和包谷，可是，包谷种出来了，野猪出来刨；包谷结苞了，飞鼠出来啃；包谷成熟了，山雀飞来啄。老三辛苦了一年，结果连种子都收不回来。老三又向密罗陀哭诉："阿密呀，山里闷得很，禽兽又把庄稼吃光了，叫我怎么在山里活下去？"密罗陀安慰他说："家里还有一面铜鼓，你就拿去吧。它会帮你驱赶飞禽走兽，给你带来欢乐。"老三遵照阿密的吩咐，把铜鼓扛到山上去，烦闷时，把铜鼓敲起来，就感到快乐了；猛兽下山伤害牛羊时，把铜鼓敲起来，猛兽就逃跑了；鸟兽来吃庄稼时，把铜鼓敲起来，鸟兽就飞走了；逢年过节，把铜鼓敲起来，周围山寨的兄弟姐妹们就来团聚了。时间流逝，密罗陀妈妈便吩咐三个儿子在她的生日（农历五月二十九）那天，回到她的身边向她祝寿。三兄弟各备寿礼，老三和妻子儿女带着小米酒和一面铜鼓，祝寿时，以小米酒敬密罗陀妈妈，并敲响铜鼓跳起舞。从此，老三就在高山里安居乐业，成了现在的瑶族，铜鼓也成了他们的传家宝。①

布努瑶在达努节使用铜鼓，有着对远古瑶族打胜仗庆功的赞颂纪念。这里边还有一个传说：

相传密罗陀有九个孙子，其中老大阿胜的第三房妻子（是东羌人）与太阳神私通为瑶族伦理所不容，回娘家躲避，九个兄弟向东羌

---

① 蒲朝军、过竹主编：《中国瑶族风土志》，424～425页，北京大学出版社，1992。

人索取遭到对方拒绝，使九兄弟积恨。数年之后九兄弟中的老三罗告外出经商投宿于东羌人家时被东羌人诬陷与该家女人相通被关押三年。新仇旧恨，九兄弟决意向东羌人复仇。他们于五月二十五誓师出征，大败东羌后，于五月二十九凯旋。归来这一天，山山弄弄的瑶族同胞杀猪宰羊敲打铜鼓，载歌载舞以庆祝胜利。因此，祝著节（即达努节）铜鼓的使用包含有纪念战争的内容。①

瑶族人喜欢跳舞，在部分瑶族地区也流传着关于瑶族铜鼓舞的故事。如：

在很久很久以前，天地还没有分开。在天地之间，一位高大的女人睡在一个铜鼓里。忽然有一天，霹雳闪电，密罗陀出世了。此后，她便带领众神创造天地万物。在辛勤的操劳中，密罗陀不幸患了大病。为了给密罗陀消灾治病，她手下的众神及万物生灵组织了“对和宴”来为她消灾祝寿。宴会上，众神杀牛祭祀，万物则敲打铜鼓，跳“贬来舞”即伴牛舞，高声唱歌。妖魔鬼怪被驱除，密罗陀也恢复了健康，继续带领众神创造世界，创造人类。此后，瑶族铜鼓舞一直流传至今。

广西大化瑶族自治县七百弄、板升一带流传着瑶族创世史诗《密罗陀》说：铜鼓是密罗陀指派她半人半神的儿子雅耶、雅仪制造的。

密罗陀找来雅耶、雅仪，密洛西温和地把话讲：现在给你们重新做，制造模样按我讲。面上铸太阳，光芒金闪闪；十二种动物绕四周，敲响动物吓破胆；“严”“锣”两旁铸四耳，悬挂敲打声远扬。雅耶舀沙做模型，雅仪马上画图样；雅耶开山采矿石，雅仪筛选铜石矿。雅耶把矿装进炉，雅仪赶忙拉风箱。风箱扑扑叫得欢，火焰烈烈闪红光。矿石融解成水样，铜铁熔化成液汤。密罗陀右手拿鼓槌，密洛西左手拿鼓棒，右手鼓槌打鼓面，左手鼓棒打鼓腰。②

铜鼓有着如此神圣的来历，因而布努瑶对于曾经孕育过他们的始祖母密罗陀的铜鼓是非常尊敬的，铜鼓作为他们族类图腾的一个实物保存到了今天，依然有着不可言喻的神秘力量。

---

① 温远涛：《河池民间传世铜鼓使用的人类学意义》[J]，河池学院学报，2005.6。

② 梁富林：《河池传世铜鼓的“神器”功能》［J]，广西民族研究，2000.1。

白裤瑶铜鼓传说

白裤瑶是瑶族的一个支系，自称“布诺”，因男子穿齐膝白裤，故其称为“白裤瑶”，主要聚居在广西西北部的南丹县八圩、里湖瑶族乡和贵州省荔波县朝阳区瑶山乡一带，总人口约三万。

白裤瑶认为他们的铜鼓是猴王送来的。

很久以前，有一瑶族老人到地里收割黄豆，由于劳累过度，就躺在黄豆秆堆里睡着了。这时，有一母猴领着一群小猴来偷吃黄豆，误认为睡在黄豆秆堆里的老人是它们死去的祖先，按照猴子的习惯，老猴死了要敲打铜鼓祭祀。这样，母猴传令小猴进山把铜鼓抬来，向“祖先”祭奠，铜鼓敲响了，所有的猴子都围拢过来跳舞，老人被铜鼓声震醒了，看见那么多猴子，有些惧怕，突然大喊一声，并从黄豆秆堆站起来，猴子们惊呆了，母猴尖叫一声，猴子们丢下铜鼓四处逃散，跑回山上去了。老人把铜鼓背回村寨，从此，世代相传铜鼓是猴王送来的。

番瑶铜鼓传说

番瑶活跃在广西壮族自治区河池市巴马瑶族自治县东山乡，人口仅有6000多人。每年农历五月二十九，东山乡的番瑶群众都聚集在一起欢度“祝著节”，以独特的方式祭拜瑶族始母密罗陀，以求来年风调雨顺、人寿年丰。番瑶在过祝著节时也打铜鼓。具体是：

传说其祖先密罗陀第三子丁郎种庄稼很勤劳，但种的包谷全被山雀、山猪和老鼠吃光了。于是密罗陀给他一面铜鼓。铜鼓一响，山猪和老鼠等害人虫都跑光了，庄稼得到了丰收。于是铜鼓成了瑶人的传家宝。每逢五月二十九过达努节时就击铜鼓，以缅怀先祖密罗陀的恩德。

苗族铜鼓的故事和传说

铜鼓是苗族人民珍惜和喜爱的一种民间乐器，已有上千年历史，苗族铜鼓属于麻江型鼓，制作精细，鼓面为浮雕图案，中心为日光形，鼓身全部有花纹围绕，丰富多彩。打击时，常以小木桶于鼓后助音，其音质雄浑深厚，悦耳圆润，传声甚远。

苗族铜鼓

1. 铜鼓来自龙宫

传说很久以前，黔东南的岩壁寨里，住着母子二人。老母亲双目失明，依靠儿子邱老同砍柴为生。邱老同是个大孝子，他每天都是给母亲做好饭才出门打柴，傍晚也总是按时回家给母亲做饭，有时回来晚了，瞎眼的老母亲就会不管风吹雨打地总站在门口等着他回来。一天傍晚，邱老同砍柴在回家的路上，遇到一条河，因为下过大雨，河水很大。但邱老同因担心年迈瞎眼的母亲在家无人给她做饭，决定冒险过河。但水深浪急，当邱老同来到河中间时，一个浪头打过来，一下子把他卷进了河底，直冲到龙宫里去。龙王盘问过后，觉得邱老同是个孝子，决定留他住在龙宫里。但邱老同担心自己瞎眼的母亲在家无人照顾，就恳请龙王放他返回人间，以便侍奉老母。龙王为邱老同的勤劳和孝心所感，于是同意放他回家，并说："你是个难得的孝子，住在龙宫里有享不尽的荣华富贵，你却要放弃，愿意回去孝敬你的母亲，那我就送你一面铜鼓留作纪念。"于是邱老同千恩万谢背着铜鼓回到了母亲身边。以后，每逢寨子里有节日庆典，红白喜事，邱老同就抬出龙王所赠的铜鼓敲打庆祝，其他村寨也纷纷请来能工巧匠模仿铸造，从此以后，苗族就有了铜鼓了。①

---

① 蒋廷瑜、廖明君：《铜鼓文化》，8 页，浙江人民出版社，2007。

2. 铜鼓是老仙婆侯乜带回来的

苗族祖先开始只有木鼓，也叫革鼓。铜鼓呢，是天上传下来的。一提到铜鼓，人们都知道有个老仙婆侯乜。

据说，她参加开天辟地立了功，天王特地赠给她这珍贵礼物，叫她带回人间，与大家共欢乐。这铜鼓，花纹细致，敲起来，山谷震动。人听了，心激荡；鸟儿听了，要歌唱。谁知道侯乜带到人间以后，却独自霸占。她还特地喂了两只恶狗，成年累月守着铜鼓。两只恶狗凶猛异常，无人敢挨边。

每当节日来到，大家欢乐地围着木鼓跳的时候，都自然地想到侯乜那铜鼓。要是得到铜鼓，那该多好啊！有一年，年节到了，清水江边的龙头寨，有一对青年男女趁节日成婚，他们约了许多客人，准备好好热闹一场。样样齐备，最好还能借到侯乜的铜鼓来敲一敲，那才真正心满意足了！

大家想出了一个办法：凑钱去找侯乜把铜鼓租用一天。结果，派去的人被侯乜挡了回来，大家很扫兴。这时，有个后生波松嘎站了出来。他说："亲友们！这样隆重的节日，又举行这样热闹的婚礼，不能没有铜鼓啊！我愿意再走一趟，去把铜鼓借来。"波松嘎去找五谷之王让他告诉一个好方法，五谷之王给了他三把菜籽、三把凌和三把岩石，并教他怎样使用这些东西。波松嘎回家找了两个白萝卜，在火坑里烤成半生半熟，热得滚烫滚烫，用烂棉花包好，装在一个小木盒里。就出发去找侯乜借铜鼓。

波松嘎到了侯乜家，侯乜上天做客还没有回来。守铜鼓的两只恶狗见了波松嘎，猛扑过来，波松嘎不慌不忙地丢出两个滚烫滚烫的白萝卜，两只恶狗扑过去就咬，烫得叫不成声，在地上打转，牙齿全给烫掉了。波松嘎三步并作两步跨进侯乜的堂屋，背起铜鼓就走。由于走得急，跌了一跤，铜鼓碰在石头上，响声震动山谷，传到天上。侯乜听到铜鼓声，急忙赶回家来。一进屋，见心爱的铜鼓不在了，两只没了牙齿的狗在汪汪乱叫，侯乜气得直跺脚。她忙把两只手圈脱下，安在两只狗的嘴里，两只狗顿时有了利牙。侯乜赶紧带狗去追赶波松嘎。

波松嘎背着铜鼓跑，忽然听到狗叫声，知道是侯乜追来了。狗的叫声越来越近，他赶紧掏出五谷之王送的三把菜籽往路边一撒，眼前出现了三片鲜嫩的菜苗。贪心的侯乜看到好菜苗就停下来打，等她打完三块地的菜苗，波松嘎已经走得很远了。

侯乜打完菜苗又追。当狗的叫声越来越近，波松嘎回头撒出三把凌，路面顿时又光又滑。侯乜和狗一下子摔倒了，当侯乜找来火坑灰边撒边追的时候，波松嘎已经又走得很远了。

当侯乜穿过了凌冻路面后，又拼命追赶。眼看就要被追上了，波松嘎不慌不忙地拿出三把岩石，回头一撒，眼前出现了三堵万丈高的悬崖绝壁，把侯乜挡住了。侯乜本来可以跃上悬崖绝壁追赶，但那两只狗却没有办法。没有狗帮忙，侯乜就没法从波松嘎手里夺回铜鼓，只好垂头丧气地回去了。

波松嘎站在高高的悬崖绝壁上，看见侯乜带着两只狗往回走了，高高兴兴地把铜鼓背回了龙头寨。铜鼓拿来了，邻近村寨的男女老少，都围着铜鼓跳呀、唱呀，一直跳了三天三夜。从此，悠扬的铜鼓声便响彻苗岭。①

3. 铜鼓是孔明造的

三国时期，孔明七擒孟获途经贵州，苗胞得知他是个能人，就请他来帮忙铸造铜鼓，经孔明指点后铸出来的鼓，不仅纹饰美丽，而且声音也和龙王的铜鼓一样嘹亮动人。人们为了纪念孔明指导铜鼓，就把铜鼓叫做诸葛鼓，有的干脆在鼓面铸“孔明置造”的字样。②

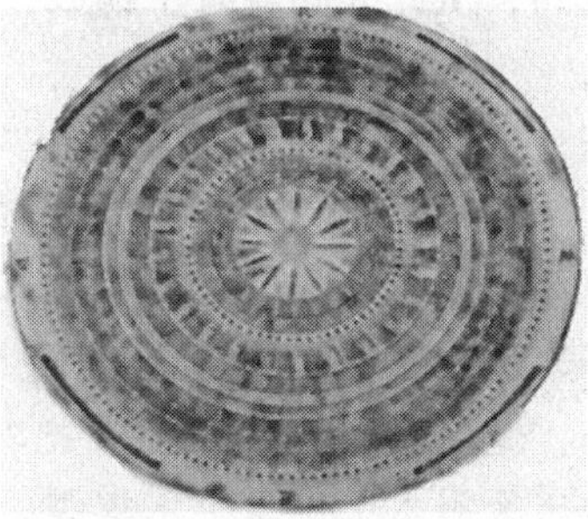

“孔明置造”鼓（右为鼓面纹饰拓片）

① 《铜鼓和青铜文化的再探索》编辑组：铜鼓和青铜文化的再探索——中国南方及东南亚地区古代铜鼓和青铜文化第三次国际学术讨论会论文集，《民族艺术》1997年增刊。

② 同上。

彝族民间传说

彝族是我国少数民族中人口较多的民族，全国彝族人口658多万人，主要分布于四川、云南、贵州、广西等省区内。彝族人珍视铜鼓，铜鼓在他们生活中占有重要地位。凡遇年节都要敲铜鼓，跳铜鼓舞，建新房和白事时也要使用铜鼓。彝族人一听见铜鼓敲击声，就会情不自禁地起舞。

铜鼓是彝族的珍宝，彝族地区流传着多个铜鼓传说。

彝族铜鼓是从天上掉下来的

云南富宁县木央区彝族百姓说，铜鼓原来只有天上有，彝族姑娘拉木帕爱跳舞，一天吃了山上的樱桃，顿时身轻如燕，飞到天上去了。拉木帕在天上听到一阵阵铜鼓声，看到一群仙女在小溪边踏着铜鼓的节奏跳舞。她看得着了迷，不由自主地挪动脚步，加入到仙女行列，请求她们教她跳舞。天黑了，拉木帕跟着仙女走进仙宫，住了下来，接连几天学跳铜鼓舞，把撒棉花、薅棉花、摘棉花和织棉布的舞蹈动作都学会了。在向仙女们辞行时，仙女们送给她一面铜鼓，叫她带回人间，从此人间就有了铜鼓，彝族姑娘也就会跳铜鼓舞了。[①]

彝族的祖先造铜鼓

云南富宁和广西那坡的彝族百姓传说铜鼓是他们的祖先波罗和罗里芬夫妇铸造的。彝族跳弓节唱的经诗《铜鼓王》叙述了他们历尽艰辛采矿、炼铜、制模、浇铸，最后制成铜鼓的全过程。

起早波罗挖个土坑，把铜水倒下，土坑漏铜水，弄得遍地都是。后来又用木头做了个木模型，当把铜水淋下去时，木模遇上滚烫的铜水一下子就燃烧起来了，火焰蹿得老高，不一会儿，木模就变成了一堆炭灰，铜水流得满地都是。炼了上百次，铜水都变成废水，还是没法炼成鼓身。波罗总是铸不成铜鼓。他的妻子罗里芬看在眼里，急在心里，于是偷偷地开动脑筋，并给波罗充当助手，罗里芬决定用泥来做模型。她找来黄泥巴，加水把泥巴拌均匀，揉搓成软泥，做成铜鼓

---

① 蒋廷瑜、廖明君：《铜鼓文化》，6页，浙江人民出版社，2007。

形的一个泥模，并放到太阳底下去晒干。当把铜水灌进泥模之后，铜水没有流出来，并慢慢冷却成鼓身。铜鼓终于铸造成了。一开始铸出的铜鼓很厚重，声音喑哑，样子也不好看，波罗和罗里芬就用它来做铜锅煮饭。后来夫妻俩再齐心协力，经过几次改正模子空隙变得越来越小了，较轻的铜鼓才铸成。虽然还是较粗糙，但很好用。敲起来咚咚响，四方听得清。从此以后彝族就有了铜鼓。①

彝族造铜鼓的传说

在很早的年代，彝族的祖先曾聚居在山清水秀的地方。那儿土地肥沃，鸟语花香，盛产稻谷和豆，还有金、银、铜、铁矿。特别是美丽的黄铜，遍布山山岭岭，有的埋在地下，有的露出地面，到处黄灿灿、亮闪闪的。就因为住在盛产黄铜的地方，又都喜爱黄铜，家家户户就以黄为姓。

当时，有个帕比（头人）叫黄定，他的老婆叫公主。帕比和公主都非常能干，会种庄稼，能带兵打仗。彝族在他俩的领导下，生活过得十分美好。他俩又带着众人，挖铜炼铜，用铜造锅造碗，造刀制枪；用铜铸出项圈、手镯、耳环；还用铜来铸造了铜鼓、鼓槌。

彝族制造的铜鼓大小适中，样子好看，声音洪亮，只消轻轻一敲，四山八岭的人都能听到；金光闪亮，人人见了都喜爱。

有了铜鼓，早上，听到了帕比敲的铜鼓声，众人就扛犁扛耙，上山耕田种地；中午，听到了帕比敲的铜鼓声，众人就提弓拿弩，去打虎猎豹；晚上，听到帕比的铜鼓声，众人就手捧芦笙，到草坪上跳舞唱歌。

其他民族关于铜鼓的民间传说

佤族关于铜鼓的传说

在佤族民间，传说遥远的古代，云南西盟县的北面的高山密林中，有一个水平如镜的湖泊，深深的湖水呈现出一片碧绿，人们叫它为“弄球龙潭”。龙潭里住着一对蚂拐精，雄的名叫牙探，雌的叫牙台。

---

① 黄国汉等译：《铜鼓王：彝族英雄史诗》，云南人民出版社，1991。

佤族打铜鼓
选自蒋廷瑜《古代铜鼓通论》

这对蚂拐精没有后代。过了一些时候，它们又移居到龙潭南边的一个山洞里。有一天，牙探捉到一个人，便带回山洞和牙台一起吃了，它们把剩下的头颅骨挂起来玩。奇怪的是，牙台从此就怀了孕，后来生了九男九女，都是人类。牙探和牙台因此十分崇拜人头，把它盛在竹篮里挂在村子中央的木桩上。

这九男九女长大成人，进行婚配，生男育女，分别居住在九条山沟里。牙探和牙台去世后，佤族为了纪念他们的祖先，就用青铜铸成铜鼓，并在鼓面上铸出蚂拐的形象，所以铜鼓也叫“蛙鼓”。

除此之外，在佤族中还传说着铜鼓是龙的化身。据说，很久以前，中课地方，寨子里发生火灾，因火势太猛，已经无法扑灭，大家便忙着搬出了屋子里的许多东西，但忘了搬走铜鼓，突然铜鼓化成了一条巨龙，腾空飞出，汲水扑灭了这场大火。

水族关于铜鼓的传说

水族也有近似的传说：有一年龙潭突然波涛汹涌，洪水横流，淹没了许多庄稼，原来是里面的蛟龙作怪。人们面对滔滔洪水，焦虑万分，不料村子里的公、母两面铜鼓，忽然飞到龙潭中去，与龙相斗，霎时恶浪翻滚，水中轰隆有恶斗之声，不久洪水平息，从龙潭飞回了一面铜鼓，另一面铜鼓却从此没有音信。为了感恩，水族每年都要祭铜鼓。

水族节日铜鼓　张加云　摄

第三章

铜鼓的主要类型与特点

铜鼓的分类

铜鼓分类，由来已久。元代马端临在《文献通考》中把铜鼓分为大、中、小三类。这种仅以大小来区分类别的办法，当然是不科学的。

明代邝露作《赤雅》，把铜鼓分为“伏波鼓”和“诸葛鼓”，认为大的是伏波鼓，小的是诸葛鼓。清代的《西清古鉴》根据这种称谓，认为“大抵两川所出为诸葛遗制，而流传于百粤群峒者，则皆伏波为之”。他们虽然注意到了地区和时代的差别，但又附会了马援和诸葛亮创造铜鼓的传说，也是不足为凭的。

最早按形制和纹饰的不同对铜鼓分类的要算德国学者迈尔（A. B. Meyer）和夫瓦（W. Foy），他们在1897年发表的《东南亚的青铜鼓》将52面铜鼓分为6个类型；而奥地利学者黑格尔（F. Heger）在1902年出版的《东南亚古代金属鼓》① 将165面铜鼓分成4个主要类型和3个过渡类型，为铜鼓的科学分类开了先河，至今许多学者仍沿用这种分类。

中国学者闻宥在20世纪50年代编著《古铜鼓图录》时，将中国古代铜鼓分为甲、乙、丙、丁4式；云南省博物馆著《云南省博物馆铜鼓图录》将馆藏铜鼓也分为甲、乙、丙、丁4式。他们都是仿照黑

① ［奥］黑格尔（F. Heger）：《东南亚古代金属鼓》［M］，德国莱比锡：希尔曼出版社，1902。

格尔的分类法，只是各人所分类的排列次序不同而已。

在上述分类工作的基础上，洪声在《广西古代铜鼓研究》① 一文中将广西铜鼓划分为甲、乙、丙、丁4型，每型之下分若干式，共20式。这种大型之下分小式的做法，比黑格尔等人的分类显得更细致、更准确，广西各类铜鼓之间的细微差别，发展脉络和相互关系也就更清晰。李伟卿《中国南方铜鼓的分类和断代》② 也是采取分大型、划小式相结合的方法，他把中国南方铜鼓分为3型7式。洪声与李伟卿的分类解决了黑格尔分类无法解决年代推断的问题。

人们的认识在不断深化，汪宁生在《试论中国古代铜鼓》③ 一文中提到了标型分类的意见。他主张研究铜鼓应该像研究殷周青铜器那样，先找到一些标准器作为断代、区分的尺度。他列举了8批35面铜鼓作为"标准器"，然后将其他铜鼓与之比较，分别归类，从而将铜鼓分为A、B、C、D、E、F共6型。这种用标准器来划分的办法又是一个进步，但他将标准器的本名隐藏起来，使用起来仍有不便之处。

此后不久，李定《铜鼓》④ 一文直接用标准器出土地名来代替以往分类的序号，把以云南晋宁石寨山出土的铜鼓为代表的一个类型的铜鼓称为"石寨山式"铜鼓，把以广西灵山出土的铜鼓为代表的一个类型的铜鼓称为"灵山式"铜鼓，把以贵州麻江谷峒出土的铜鼓为代表的一个类型的铜鼓称为"麻江式"铜鼓。这样划分的类型形象鲜明，标准明确，可以减少理解、行文、用语的误会，把大家从代号的杂乱之中解脱出来。但李定把铜鼓分成3式，过于简单。

1980年3月，在广西南宁召开的第一次中国古代铜鼓学术讨论会上，经过反复讨论，大多数学者倾向于以标准器分式，并用出土标准器的地名命名的方法来划分铜鼓的类型。张世铨在《论古代铜鼓的分式》⑤ 一文中提出8个标准式，分别称之为万家坝式、石寨山式、冷水冲式、遵义式、麻江式、北流式、灵山式、克伦式。这种分类方法是大家公认的较好办法，在此后的20多年时间里，中国学者采用这种

---

① 洪声：《广西古代铜鼓研究》[J]，考古学报，1974，(1)。

② 李伟卿：《中国南方铜鼓的分类和断代》[J]，考古，1979。

③ 汪宁生：《试论中国古代铜鼓》[J]，考古学报，1978，(2)。

④ 李定：《铜鼓》[J]，文物，1978，(11)。

⑤ 张世铨：《论古代铜鼓的分式》[A]，古代铜鼓学术讨论会论文集[C]，文物出版社，1982。

分类法把它们称为万家坝型、石寨山型、冷水冲型、遵义型、麻江型、北流型、灵山型、西盟型。这种分类方法虽然较以前的各种分类法有先进之处，但也有局限性。我们在深入考察越南东山文化的基础上将铜鼓分为 4 期 10 型①。它们的发展大致脉络见下图：

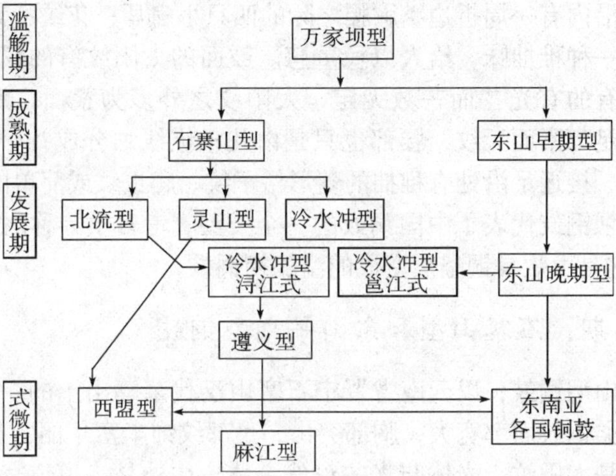

滥觞期：万家坝型铜鼓

万家坝型铜鼓，以云南省楚雄县万家坝出土的一些铜鼓为代表。

万家坝型铜鼓

---

① 万辅彬：《越南东山铜鼓再认识与铜鼓分类新说》［J］，广西民族学院学报（哲学社会科学版），2003 年，（6）。

迄今在云南境内共发掘这一类型的铜鼓19面，其中10面在楚雄境内出土。1975年，首次在这里发掘出铜鼓5面，经C_{14}测定，距今2600年左右，是迄今为止世界上发现的最早的铜鼓。其特点是：鼓面特小，鼓胸特别外凸，鼓腰极度收束，鼓足很矮，但足径特大，与铜釜外形相似，足沿内有一周折边，胸腰之际的四只小扁耳；花纹特点是简单、古朴，有一种稚拙味，给人以稳重感。鼓面的太阳纹有的仅有光体而无光芒，有的有光芒而芒数无定，太阳纹之外多为素面，没有晕圈。鼓胸和鼓足都素面无纹，腰部也只是由几条纵线划分成几个空格；鼓身的内壁，接近足沿处有稚拙的菱形格子纹、爬虫纹或简单的云头纹。

万家坝铜鼓代表了中国铜鼓的一个类型，考古学界称之为“万家坝型”。它是由炊具铜釜演变成的滥觞期铜鼓。

成熟期：石寨山型和东山早期型铜鼓

石寨山型铜鼓，以云南省晋宁石寨山汉代墓葬出土的一批铜鼓为代表。这类铜鼓面部宽大，胸部突出，足部纹饰丰富华丽，布局对称。鼓面中心是太阳纹，光体与光芒浑然一体，往外是一道道宽窄不等的晕圈，窄晕中饰锯齿、圆圈、圆点等简单几何纹饰。宽晕是主晕，饰以旋转飞翔的鹭鸟。胸部也饰以与面部相同的几何纹带，主晕则是人物划船的写实画像。腰部除晕圈组成的纹带之外，还有由竖直纹分隔成的方格，方格中饰以牛或砍牛仪式及用羽毛装饰的人跳舞的图像。此类铜鼓造型优美，纹饰刻画细腻。石寨山型铜鼓在中国云南、广西发现很多，在越南也有不少发现。

石寨山型铜鼓

与石寨山型铜鼓十分相近的东山早期型铜鼓在越南发现很多，在我国广西及泰国、马来西亚、印度尼西亚也广泛存在。越南东山铜鼓与中国石寨山型铜鼓比较类似，但也有明显区别：石寨山型铜鼓具有喇叭形的截头圆锥形腰，东山铜鼓则是圆筒形腰；在鼓面写实性题材的纹饰分布上，东山铜鼓内侧拥有乐舞纹，外侧拥有翔鹭纹的较多，石寨山型铜鼓外侧虽也有翔鹭纹，但内侧饰有鸟类之外的动物纹却很一般；石寨山型几何纹饰种类较少，东山铜鼓几何纹饰种类较多。

东山早期型铜鼓（左，东山鼓；右，黄下鼓）

石寨山型铜鼓与东山早期型铜鼓使铜鼓文化臻于成熟①，形成铜鼓文化的第一个高峰。玉缕鼓、开化鼓的出现，说明当时铜鼓铸造工艺已达到炉火纯青的地步。滇王墓群用大量铜鼓陪葬，说明铜鼓已成为财富与权力的象征。时间大约为战国晚期至东汉初期。

发展期：北流型、灵山型、冷水冲型和东山晚期型铜鼓

北流型、灵山型和冷水冲型均从石寨山型发展而来。

北流型铜鼓，以广西北流出土的铜鼓为代表。这类铜鼓，形体硕大厚重，鼓面宽大，边缘伸出鼓颈之外，有的边缘下折成“垂沿”，胸壁斜直外凸，最大径偏下，腰呈反弧形收束，胸腰间斜度平缓，只有一道凹槽分界，腰足间以一道凸棱分界，鼓足外，与面径大小相当，鼓耳结实，多为圆茎环耳，鼓面青蛙塑像小而朴实，太阳纹圆突如饼，以八芒居多，装饰纹样多为云雷纹。

灵山型铜鼓，以广西灵山县出土的铜鼓为代表。这类铜鼓形制接近北流型，外观上，体型凝重，形象精巧。鼓面平展，稍广于或等于

---

① 蒋廷瑜：《古代铜鼓通论》，紫禁城出版社，1999。

鼓身，边缘伸出，但不下折，胸壁微凸，最大径居中；胸以下逐渐收缩成腰；胸腰间仅以细线为界；附于胸腰之际的鼓耳均为带状叶脉纹扁耳；鼓面所饰青蛙塑像都是后面二足并拢为一的“三足蛙”，蛙背上饰划线纹或圆涡纹，装饰华丽，有的青蛙背上又有小青蛙，即成“累蹲蛙”；青蛙的数目一般为6只，有的6只全是累蹲蛙，

北流型铜鼓

灵山型铜鼓

但多数3只单蛙与3只累蹲蛙相间排列，而且绝大多数为逆时针方向环列；鼓面中心太阳纹圆突如灵饼，光芒细长如针，芒数不一，7芒、8芒、9芒、10芒、11芒、12芒都有，有的芒端开叉；装饰花纹多以二弦分晕，鼓面和鼓身各有三道较宽的主晕，以骑兽纹、兽形纹、鹭鸟纹（或鹭鸶鸟含鱼纹、鸟形纹）为主体纹样，其他晕圈饰云纹、雷纹、半圆纹、半圆填线纹、席纹、四瓣花纹、“四出”线纹、连线纹、虫形纹、水波纹、蝉纹等。蝉纹一般作边饰。其中一些鼓的鼓耳下方接近鼓足处，装饰动物塑像，常见的是一对（或一只）小鸟，也有饰牛、虎、鹿等动物塑像者，这些动物都是头朝下。

北流型与灵山型铜鼓为俚人创新之作①，前者铸造年代是西汉到唐代，后者是东汉至唐代。

冷水冲型铜鼓，以广西藤县濛江镇横村冷水冲出土的铜鼓为代表。

---

① 何纪生：《北流型铜鼓初探》，载《古代铜鼓学术讨论会论文集》，文物出版社，1982。

灵山型铜鼓三足累蹲蛙　蒋廷瑜　摄

这类铜鼓体型高大轻薄，面径 63.5～87.7 厘米，身高 43.7～66.0 厘米之间。鼓面宽大，但不出沿或稍稍出沿。鼓胸略大于面径或与面径相等，稍微膨胀，很不凸出，鼓腰上部略直，最小径在中部，鼓足较高，与胸部高度略等，鼓耳宽扁，饰辫纹，有的在四耳之外，还有半圆茎拱形小耳一对。纹饰总的特点是瑰丽而繁缛。鼓面中心太阳纹基本固定为 12 芒，芒间夹实心双翎眼坠形纹，鼓面边沿有立体蛙饰，有的在青蛙之间再饰骑马、牛橇、水禽、龟等动物塑像，鼓面、鼓身遍布各种图案花纹，主晕为高度图案化的变形羽人纹和变形翔鹭纹，有 1 晕勾连雷纹及由此衍变而来的复线交叉纹。鼓胸多有图案化的变形船纹，鼓腰有变形舞人图案和细方格纹，鼓足多有圆心垂叶纹，这些都是匠人精雕细刻的结果，有着一种纤巧的美。黑格尔把它们归

冷水冲型铜鼓

冷水冲型铜鼓牛拉橇塑像　蒋廷瑜　摄

在I型内，越南学者仍称之为东山铜鼓。我们认为它与早期东山铜鼓，即石寨山铜鼓有很大差别，宜另立一型，即是冷水冲型。

东山晚期型铜鼓是承接东山早期铜鼓的。面径多小于胸径，鼓面4只青蛙背部多有十字交叉纹样。2至4弦分晕，晕弦窄而素。内侧第一晕为对向三角形纹或S形曲折纹，主晕内侧多有一圈变形雷纹，主晕为饰有3组飘带似头饰的变形羽人纹和变形翔鹭纹，翔鹭纹之间多饰定胜纹2或4个。大多数鼓身无主晕。主要分布于红河下游地区，其铸造时间约为西汉中期至东汉中期。

郭立新先生论证了东山铜鼓和冷水冲型铜鼓之间的相互交流和影响①。

东山晚期铜鼓

① 郭立新：《论冷水冲型、北流型与灵山型铜鼓的关系》[J]，广西民族学院学报（哲社版），1997。

式微期：遵义型、麻江型、西盟型及东南亚其他国家的铜鼓

遵义型铜鼓是冷水冲型向麻江型演变的过渡型。以贵州省遵义市南宋播州土司杨粲夫妇墓出土的铜鼓为代表，其特点是鼓面无蛙，面沿略伸于鼓颈之外，面径、胸径、足径相差甚微；胸、腰、足各部的高度相当接近，胸腰间缓慢收缩，无明显分界线，胸腰际附大跨度扁耳两对，鼓面边缘无青蛙塑像，但有蛙趾装饰，纹饰简单，几何纹用同心圆纹、连续角形图案、羽状纹、雷纹构成，主纹则是一种由一个圆圈缀两条飘动的带子组成的游旗纹。此类铜鼓数量较少，大约出自唐代到宋代，主要发现于贵州，广西、云南、四川也有出土。

遵义型铜鼓

麻江型铜鼓数量最多，数以千计，仅广西河池地区民间收藏就有1000多面。分布地域很广，广西、贵州、云南、四川、广东、湖南西部和越南西北部皆有它的身影。麻江型铜鼓以贵州省麻江县谷峒火车站一座古墓中出土的铜鼓为代表。这类铜鼓的特点是，体形小而扁矮，鼓面略小于鼓胸，面沿微出于颈外，鼓身胸、腰、足间的曲线柔和，无分界标志，腰中部起凸棱一道，将鼓身分为上下两节，胸部有大跨度的扁耳两对，主纹以游旗纹居多，晚期花纹精细而种类繁多，有“道光”年款、吉祥短语、双龙献寿，以及缠枝、花、人物、禽兽、符录、庄园，等等。其铸造时间从南宋到清代道光年间，至今在中国南方少数民族中仍广泛使用。

西盟型铜鼓，以云南省西盟佤族地区仍在使用的铜鼓为代表。这

麻江型铜鼓　蒋廷瑜　摄

老挝王宫馆藏西盟型铜鼓　韦丹芳　摄

类铜鼓器身轻薄、重量轻，体形显得高瘦，鼓面有立体青蛙，常见二蛙或三蛙甚至四蛙叠踞。有人称其为蛙鼓。鼓面宽大，边沿向外伸出，鼓身为上大下小的直筒形，胸、腰、足没有分界线，鼓面太阳纹一般为 8 芒或 12 芒，三弦分晕，晕圈多而密，纹饰多小鸟、鱼、圆形多瓣的团花、米粒纹。有的鼓身纵列立体象、螺蛳、玉树等塑像。据缅甸的资料，缅甸克耶邦威当城是铸造该型铜鼓的中心，据说到 20 世纪初还在铸造，而且至今仍在使用。

在越南西部山区，14 ~ 17 世纪还流行一种与黑格尔Ⅱ型（即北流型和灵山型）铜鼓相类似的铜鼓，这种铜鼓，芒族还在使用，日本学者称之为“类黑格尔Ⅱ型”铜鼓，也可直呼为芒鼓。

这说明发源于中国的铜鼓，后来传播到东南亚各国，在当地又有所发展。泰国、柬埔寨、马来西亚、印度尼西亚、老挝等国的铜鼓各具特色，但也都运用了东山铜鼓的装饰元素，东山铜鼓给东南亚地区铜鼓打下的烙印是显而易见的。

越南雄王博物馆展出的芒鼓　蒋廷瑜　摄

第四章

铜鼓的铸造与审美

铜鼓的铸造工艺

从春秋战国到明清时代，人们铸造和使用铜鼓已经有近三千年的历史，但是，有关铜鼓的铸造工艺却鲜有记载。在历代文献中，仅见清人屈大均的《广东新语》一书中略有提及：“凡为铜鼓……其声在脐，雌雄之脐亦无别。但先炼者为雄，后炼则为雌耳。然诸工不善取音，每铜鼓成，必置酒延铜鼓师，师至，微以药物淬脐及鼓四旁，稍挥冷锤攻之，用力轻松，不过十余锤。而雄声洪而亮，雌声清以长。一呼一应，和谐有情，余音含风，若龙吟而啸风也。广东炼铜鼓师不过十余人，其法绝密，传于子而不传于女云。”而这段文字，也只对铜鼓铸成后的调音过程做了一个非常简单的记述，所提到的铜鼓铸造方法，由于是绝密技术，传子不传女，更不为外人所知，就是连使用铜鼓的民族也说不清楚铜鼓是怎么铸造出来的。

铜鼓的铸造工艺虽然缺乏文字记载，但是每一面铜鼓本身所具有的形制结构、器表情况、铸造痕迹、附加结构、花纹技法等方面情况，就是其铸造工艺的无字记录。从外形看，大部分铜鼓的鼓身有一道切线将整个铜鼓分成均衡的两半，除了切线两边的花纹有被隔断和错位现象，鼓面、鼓身上的花纹则大体对称。这说明大部分铜鼓是用泥模铸造法一次浇铸而成的，鼓身出现的切线即是合范缝。除了合范缝，铜鼓表面的光滑程度、暴露出的芯垫、浇口痕迹与镶嵌痕迹等信息，都为分析铜鼓的铸造工艺提供了依据。学者们通过对各类型铜鼓的细致观察，全面分析，对其铸造工艺也有了较为系统的认识。铜鼓的铸

铜鼓鼓身上的合范线（左，石寨山型；右，北流型）

造方法有三种，即泥型合范法、失蜡法和蜡模泥范法。

万家坝型、部分石寨山型和全部麻江型铜鼓是采用泥型合范法铸造，其工序主要有如下几道：

制模型。首先用木料做成一个鼓形木模，作为范芯骨架，然后敷以掺有谷壳的粗泥料作范芯的底层，再敷上掺有草灰、牛粪的细泥料作表层，使表面光滑并且有较好的透气性和退让性。最后，捏塑四个实心耳安在耳的部位。

翻外范。先在泥模型鼓表面涂以牛油，防止粘连，然后分块（面范一块、身范两块，或面范一块、身范四块）敷以细泥料和掺和草筋、麻丝等粗泥料，形成外范，并在外范上按设计留好浇口。然后，拆开外范，在范面制作花纹。花纹的制作主要有三种方法：雕刻法（又称刻纹法），是用尖刀、竹针等工具在泥范上雕刻成纹；印痕法（又称印纹法），将纹饰的一个单元刻在木质或石质模型上，或者以现成的某种物品作印模，依次捺印到外范上；滚压法（又称滚印法），将纹饰刻在圆柱体的模型上，再在泥范上滚印，制成连续重复的纹带。

作芯范（内模）。鼓芯范是由泥模型鼓减薄而成，其做法是在泥模型鼓周身嵌入一定数量的铜芯垫，然后按芯垫印痕厚度刮去一层泥料并磨光，即成。

合范。第一种是鼓面向上合范，先将范芯置于平台上，通体粘好垫片，再把鼓身外范与范芯对正组合，然后把面范盖在范芯上，在中心或边缘安置浇口杯；第二种是足沿向上合范，先将面范置于平台上，放好垫片，使垫片花纹向下，再将芯范倒置于面范上，周身再粘好垫片，然后将身范与芯范对正组合，并在足沿安置浇口杯。最后，用泥把各条范缝封严，并以绳索把整个范绑扎紧，经低温烘烤，使泥范中的水分蒸发，干透硬化。

浇注。先将鼓范烘烤预热，达600℃左右，然后从鼓面中央或足沿的浇口杯内注入合金溶液，使之进入型腔。

拆范及整理。浇注之后，拆开外范，取出内范。锯凿掉浇冒口，清除内外壁上的泥料，修饰花纹及立体装饰物，使铜鼓表面光滑，花纹清晰。至此，铜鼓便铸造成型了。

铸造铜鼓的熔炉　韦丹芳　摄

前面我们提到大部分铜鼓鼓身出现了清晰的合范缝，但也有部分铜鼓在合范线上饰有精细的横向花纹或是螺、象等纹路，形成了鼓身两侧凸出的装饰性阳纹条。而这两道有纹饰的合范线，显然不是浇注后留下来的铸造痕迹。那么，这些铜鼓又是如何铸造的呢？

现存泰国国家图书馆的一份缅甸文《铜鼓制作法》，记述了20世纪初缅甸克耶邦铸造西盟型铜鼓的方法和工序，其方法与我国明代《天工开物》书中所记的“失蜡法”基本相同。所谓失蜡法，就是用蜂蜡做成铸件的模型，用耐火材料填充泥芯和敷成外范，加热烘烤后，蜡模全部熔化流失，使整个铸件模型变成空壳，往内浇灌溶液，即可铸成器物。那些鼓身没有出现合范缝的铜鼓，便是用失蜡法铸造而成的。另外，铜鼓上的青蛙、乘骑、牛橇、马、牛、鸟、龟等立体造型装饰，结构复杂，做工精细，表面没有合范缝和焊接或分铸痕迹，说明也是采用失蜡法铸造的。

失蜡法在石寨山型 M12：20 号铜鼓和冷水冲型个别铜鼓上已有使用，但广泛运用失蜡法铸造的则是西盟型中、晚期铜鼓。其工序是：

作芯范。先做一木模型鼓为底衬，敷以粗细两层泥料，用刮板做成芯范。

作蜡模。首先在芯范上敷蜡并按设计厚度均匀地刮平，然后在蜡面上制花，形成与铜鼓一样的蜡模型鼓。

制外范。把细泥敷在蜡模上做外范，各块都要均匀填实，以保证铸型轮廓和花纹的清晰，又在细泥外敷上一层粗泥料以增加强度。制范时注意在鼓面中心太阳光体处留出浇口，在蛙的眼位穿出洞孔，在足沿留出蜡口，使外范成为一个浑然一体的完整铸范。

化蜡。用小火烘烤化蜡，蜡从足沿出蜡口流出后空出型腔，便得浇铸铜鼓的模型。

浇注、拆范和修整。这些工序与泥型合范法基本相同，不过拆范时要特别小心，以免损伤了立体造型装饰。

铜鼓铸造除了泥型合范法、失蜡法，据一些学者判断，冷水冲型、北流型、灵山型及部分石寨山型等体形较大的铜鼓可能采用了蜡模泥范法，即综合了泥型合范法和失蜡法两者的优点而加以运用，其工序与失蜡法大体相同，不同的是不在蜡面上刻印花纹，而是在泥制外芯上压印花纹。

作为乐器的铜鼓，对音响有一定的要求。因此，不管是泥型合范法、失蜡法，还是蜡模泥范法铸成的铜鼓，都还要有最后的一道工序，

失蜡法铸造的铜鼓蜡模　韦丹芳　摄

南宁铜鼓铸造师张焕秋检查蜡模　韦丹芳　摄

在货架上待售的铜鼓　韦丹芳　摄

即定音，必须请专门的铜鼓师进行调音，即如前面我们引用的清人屈大均在《广东新语》中所记载。调音过程主要是对鼓面太阳纹进行加工处理，也许还要凿磨鼓壁厚度。现在，在一些铜鼓鼓面内可见有扇面形铲凿痕迹，估计便是调音留下的。铜鼓调音合格后，就可以正式使用了。

铜鼓的合金成分

铜鼓具有优美的造型和精美的纹饰，这不仅需要铜鼓制作者具备娴熟的绘画和雕塑技艺，还有赖于铜鼓制作原料的良好可塑性和表现力。铜鼓，顾名思义其制作原料主要是铜，但任何一面铜鼓都不是纯铜，而是铜与其他金属的合金。

关于铜鼓的合金成分，清人屈大均在《广东新语》中略有提及："凡为铜鼓，以红铜为上，黄铜次之。"但这种说法未能反映铜鼓具体的合金成分。1902 年，奥地利学者黑格尔发表《东南亚的古代金属鼓》一书，首次列出了用化学分析法所得到的铜鼓合金成分数据。20 世纪 40 年代末，当时的广西省立博物馆对馆藏铜鼓作了抽样化验，也得出了一些铜鼓合金成分数据。新中国成立后，广西壮族自治区博物馆对馆藏铜鼓重新进行抽样化验，对原来的合金成分数据作了修正。1959 年以后，云南省博物馆先后公布了石寨山、大波那和万家坝出土的铜鼓合金成分分析数据。以上这些对铜鼓合金成分分析都是在小范围内进行的，所测得数据都相当有限，还不能系统、全面地反映铜鼓的合金成分情况。

为了推进铜鼓研究的深入开展，自 1983 年起，北京科技大学、广西壮族自治区博物馆和云南省博物馆三家协作，对铜鼓合金成分进行了比较系统的研究，对广西、云南 96 面不同类型的铜鼓进行了合金成分分析。1986 ~ 1991 年，广西民族学院、中国科技大学和广西壮族自治区博物馆在进行铜鼓矿料来源的铅同位素考证过程中，也对近 90 面不同类型的铜鼓进行了合金成分分析。综合这两次研究分析数据，我们对铜鼓合金成分有了较为系统的认识：绝大多数铜鼓的合金成分主要是铜、锡、铅三种元素，三者之和平均在 95% 以上；其他成分有锌、铁、砷、锑、硫、磷，这些元素含量均较低，可以认为是原料带入的杂质，而不是有意加进去的。

按照合金成分的不同，铜鼓可分为红铜、锡青铜、铅锡青铜三种类型。红铜即纯铜，所含铅、锡均在 2% 以下，其中万家坝型和石寨山型各有两面红铜铜鼓。锡青铜，含锡高于 2%，含铅量低于 2%，万家坝型和石寨山型主要为锡青铜铜鼓。铅锡青铜是三元青铜，铅、锡含量均高于 2%，成熟期以后的铜鼓绝大多数是铅锡青铜铜鼓，其中冷水冲型属于高铅的三元合金铜鼓，麻江型属于高锡低铅青铜铜鼓。

从变化与时代的关系上来看，大致的趋势是：铜的含量从春秋、战国到魏晋时期（万家坝型，石寨山型，北流型早、中期，冷水冲型早、中期）不断减少；从南朝到隋唐时代（冷水冲型晚期，北流型晚期，灵山型晚期）又稍有增加；从唐宋到清代（西盟型，麻江型）趋于一致。锡的含量在春秋时代很低，战国以后不断增长。锡与铅含量的总和也是从春秋、战国到南朝以前不断增长；南朝到隋唐又稍有减少；唐宋到清代变化不大。

上述铜鼓合金成分元素含量的变化，是与人们冶金技术的发展有关。最初冶铸水平较低，多为二元锡青铜，甚至有一部分干脆用红铜，铸造的铜鼓表面粗糙，存在气孔或针孔等缺陷。而锡元素的加入，不仅可以降低铜的熔点，提高合金铸造性能，而且还能提高铸件的强度和硬度，改善音响效果。所以，锡的含量在较长的一段历史时期内呈现逐渐增加的趋势，而铜的含量便有所减少。但是，合金的含锡量并不是多多益善，因为当锡的含量超过 6% 时，青铜的脆性增大，合金的延伸性急剧下降，铸件的机械性能就会变差，用这种合金铸造出来的铜鼓经不起长期的敲击。而如果加入一定数量的铅代替部分的锡，不仅仍然可以起到降低合金熔点的作用，而且因为铅在青铜合金中属于软的基体组织，可以有效地避免高锡青铜的脆性。用这种合金铸造出来的铜鼓可以长期敲打而不破裂。这种既含铅又含锡的青铜就是铅锡青铜。铅锡青铜的密度较大，流动性好，对于铜鼓来说，是较为理想的合金材料。

广西北流铜石岭采铜、冶铜遗址　蒋廷瑜　摄

同时，铜鼓合金成分元素含量的变化，还与铜鼓社会文化功能的变化有着密切关系。当铜鼓的主要社会文化功能是作为贵族的财富、权力重器与祭神礼器时，人们对其音响、音色等方面的性能要求不高，

而主要讲究其花纹的繁缛瑰丽，鼓面装饰的生动美观，和造型的高大魁伟。这个时候，人们便会在铜鼓原料中增加具有良好可塑性的铅含量，这在冷水冲型铜鼓上表现尤为突出。属于高铅三元合金铜鼓的冷水冲型，作为财权重器和祭神礼器，其装饰造作、威严典重，显然不便于作为乐器敲打使用，而由于铅含量的增加，其音响效果明显较差。当铜鼓打破贵族垄断走向民间，成为广大民众所广泛使用的民俗乐器时，人们对其音响、音色等方面性能就有相应的要求。因此，盛行于明清时期作为一般乐器使用的麻江型铜鼓铅的含量大有减少，而锡的含量则有所增加，因为锡可以提高铸件的强度和硬度，改善音响效果。

铜鼓的矿料来源

铜鼓流行于中国南方与东南亚部分国家和地区，分布范围达数万平方公里，但是，铜鼓的发源地在哪里？这个问题曾经一直困扰着人们，因为在没有发现铜鼓铸造遗址的情况下，人们很难确定铜鼓的发源地。于是，有人通过类型学的比较和参照出土地铜鼓的数量来判断铜鼓的发源地，但是，考虑到历史上铜鼓的传播和流动等情况，发源地的确定又遇到了困难。铜鼓作为大型金属器物，其铸造所需的大量原料不可能完全依靠于外地输入。因此，可以通过铜鼓的矿料来源判断铜鼓的发源地。

1986～1991年，原广西民族学院、中国科技大学和广西壮族自治区博物馆合作研究，首次对铜鼓矿料来源的铅同位素进行分析，通过确定铜鼓的矿料来源推断铜鼓的发源地。此次研究具有开创性意义，并取得了突破性成果。

通过对铜鼓矿料来源的铅同位素考证，人们了解到铸造铜鼓的矿料分布区域相对集中，大体上可以分成两大区域：一个区域是以广西北流县铜石岭为中心的广西东南地区，北流型铜鼓与灵山型铜鼓及部分冷水冲型铜鼓的矿料均来源于此区；另一个区域是滇西—滇池地区—滇黔交界地区，万家坝型、石寨山型、麻江型（包括遵义型）铜鼓的矿料均来自该区域，而随着铜鼓的发展传播和社会的历史变迁，这几类铜鼓的矿料来源有自西向东转移的趋势。各种类型铜鼓的矿料绝大多数来源于铜鼓分布区域内的矿床，说明这些铜鼓是就地取材，就近铸造。但也有极少数铜鼓尚未在分布区附近发现其所需要的矿料，说明了少数铜鼓可能有矿料远距离运输情况或者是铸好后远距离迁移。

早期铜鼓矿料来源与铜鼓分布区域的一致性，说明了早期铜鼓的铸造者也是使用者，如北流型和灵山型铜鼓为俚人（乌浒人）所铸造和使用，万家坝型铜鼓则是濮人铸造并使用。但是，铜鼓发展到了中晚期，其铸造中心逐渐形成并相对固定，如晚期西盟型铜鼓铸造中心就一直在缅甸克耶邦乐可城，居于泰国、老挝及我国云南西南边境的各民族都是从缅甸买来铜鼓使用；麻江型铜鼓铸造中心在滇黔交界地区，因此，黔东南水族和广西西北部壮族、白裤瑶所使用的大量麻江型铜鼓都是从铸造地买来的。

铜鼓的乐音追求

铜鼓作为一种能发声的器物，无论是被当作重器、礼器，还是变成一般的乐器，它都有自己与生俱来的声学特性。

万家坝型铜鼓作为铜鼓的最早期类型，已经由炊具向打击乐器方向转变迈出了重要一步。就其形制来看，它们已有大致平整的鼓面，具备了作为周界固定的板振动发声的必要条件，其初步定型化的胸挺、腰曲、足外扩等铜鼓结构构成了一个共鸣腔，从而具备较好的发音性能。

由万家坝型铜鼓发展而来的石寨山型铜鼓，在声学结构方面表现出了长足的进步：首先，作为振动面的鼓面增大，胸部最大径上移，腰部收束较大，使鼓面与鼓胸形成的共振腔更有利于振动发声；其次，鼓面已经完全平整，除中心凸出的太阳纹，还出现了由各种图案组成的同心晕圈，这在客观上符合声学原理的要求。与此同时，铸造石寨山型铜鼓的合金成分也有了很大改进，绝大多数铜鼓已用锡青铜铸造，如前面我们所提到的，锡元素的加入，可以有效地改善铜鼓的音响效果。

而随着铜鼓社会地位的提高，尤其是成为财富和权力的重器及祀神的礼器之后，人们对铜鼓外观的追求要胜于对其声乐的追求。于是，由石寨山型铜鼓发展而来的冷水冲型铜鼓，出现了精美的花纹和立体装饰；同时，为了便于造型而在铸造合金中加入大量铅料，使得铜鼓的音质大为下降。

与万家坝型、石寨山型、冷水冲型等一脉相承的，是铸造于宋至清末而且至今仍为许多民族所使用的麻江型铜鼓，由于已经由重器和礼器转变成为一般的民俗乐器，人们对其乐音效果就颇为讲究。麻江型铜鼓发声洪亮，音色清脆，余音绵长，在所有类型铜鼓中是乐音效果最优者。晚期的麻江型铜鼓由于冶金、铸造、造型等各方面技术的进步，使铜鼓的声学性能达到了一个高峰。其悦耳的鼓声，使人振奋，备受鼓舞，这也许是它能够世代相传、绵延至今的重要原因之一。

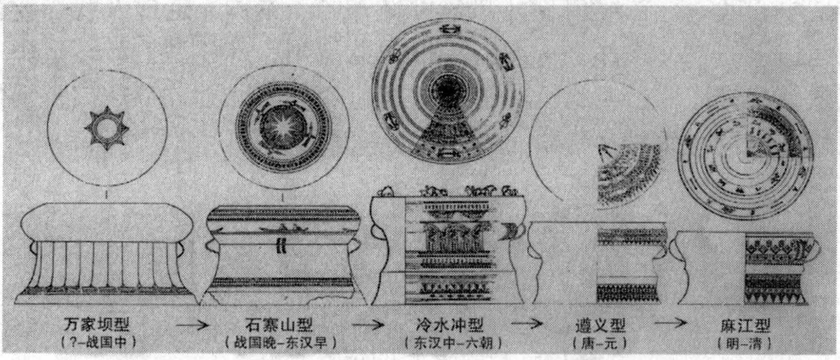

滇桂系统铜鼓发展序列　（日）吉开将人设计

从万家坝型、石寨山型、冷水冲型到麻江型，铜鼓的发展有着清晰的演变脉络，它们发源于云南中部偏西地区，繁衍于滇池附近，再向周围传播扩散，分布重心在云南和广西。因此，人们称这些类型的铜鼓为滇桂系统铜鼓，或简称滇式铜鼓。而后来的北流型、灵山型和西盟型铜鼓，则属于另一系统，它们以广西玉林地区为分布中心，在广西、广东交界的云开大山地区发展演变。所以，人们把这些类型的铜鼓称为粤桂式铜鼓。与滇式铜鼓一样，粤桂式铜鼓对乐音也有一定的追求，不同的是，粤桂式铜鼓出现了有规则的调音铲痕。

清人屈大均在《广东新语》中有关于铜鼓师调音的记述，即“师至，微以药物淬肌及鼓四旁，稍挥冷锤攻之，用力轻松，不过十余锤”。而这种方法颇令人费解，但是，能够以类似如“一锤定音”的轻松敲打十余下，便可将硕大的铜鼓调音完成，又颇能显示出古代工匠的高超技艺和过人智慧。

其实，铜鼓调音的一个最重要方法是，刮削鼓面背部的一些特定部位，通过改变这些部位的厚度，以达到鼓音调整的效果。其目的一是改变基音频率，二是使泛音近似成为基音的倍频，从而改善铜鼓的音质。这种方法虽未见文献记载，但是，在粤桂式铜鼓鼓面背后出现

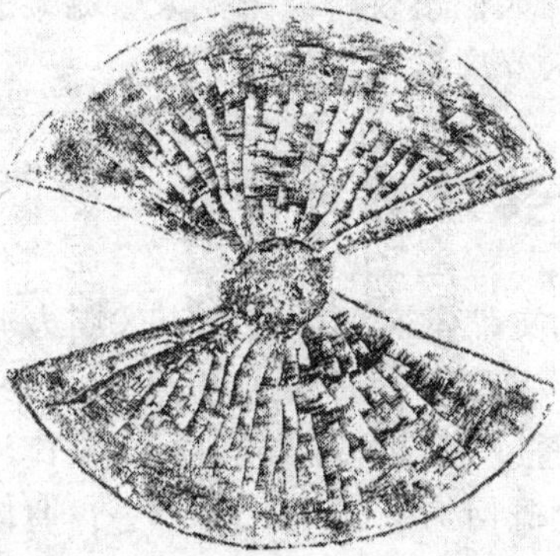

北流型铜鼓的铲痕

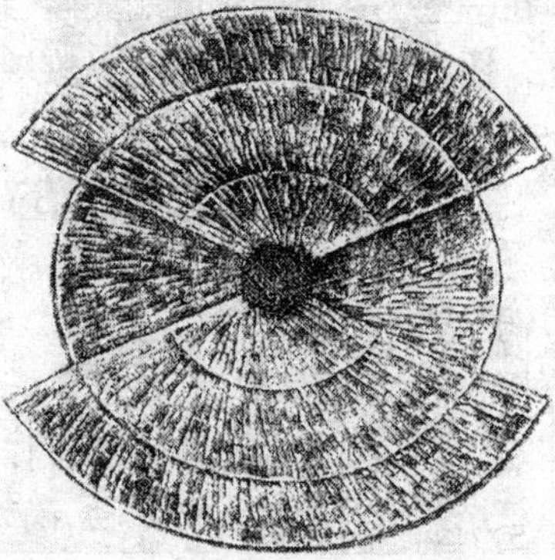

灵山型铜鼓铲痕

明显的有规则铲痕可以佐证。

在北流型铜鼓中，其调音铲痕的共同规律是，铲痕都是从鼓面背部中心开始，在背部与太阳纹对应的地方刮出一个平整小圆作为中心，然后从这个中心开始一刀一刀地沿半径方向铲削，每一刀铲痕的长度基本相同，并成辐射状分布，排列成圆环或圆弧，从中心开始一环一环地向外延伸。灵山型铜鼓的调音铲痕比北流型的有了长足的进步，可以说跨入了成熟阶段。这些铲痕由里向外，一环归一环，层次分明，铲削面积适当缩小，简练而精确，显示出定型的趋向。灵山型铜鼓调音铲痕的分布，无论纵向还是横向，都与现代声学中圆板振动节线的分布模式完全吻合。铜鼓大面积调音铲痕的存在，不仅反映了古代工匠积累有丰富的科学经验，还反映了我国南方古代金属加工的高超工艺水平。

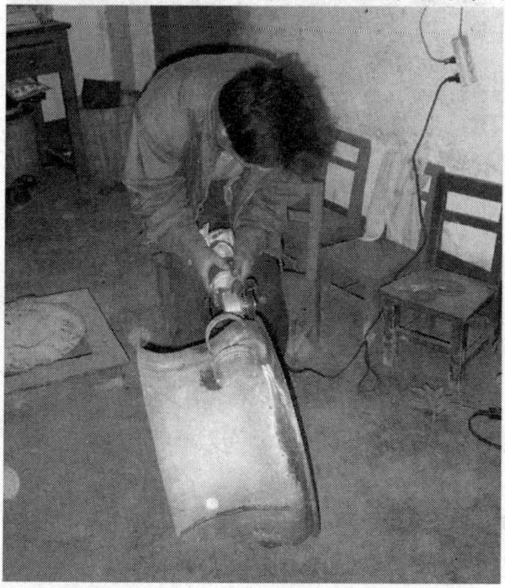

调音　刘莉　摄

值得一提的是，人们在对铜鼓乐音追求的过程中，还很有意思的将铜鼓分成为雌雄鼓。音频的高低是区分铜鼓雌雄的一个重要标准，如公鼓音调较高，母鼓音调较低。现在，在一些仍然使用铜鼓的民族当中，人们不仅喜欢把铜鼓按雌雄成对放置，还常常在打击娱乐时以雌雄铜鼓互应敲和。

铜鼓的优美造型

铜鼓造型独特，引人注目，历代文献常有记载，如宋人周去非在《岭外代答》中称："其制正圆，而平其面，曲其腰，状若烘篮，又类宣座。"现代考古学和民族学工作者通过对各类型铜鼓进行大量比较研究，总结了它们的共同特征，确切地概括为五句话二十个字：通体皆铜，平面曲腰，一头有面，中空无底，侧附四耳。

铜鼓的基本结构是，全身分为面、胸、腰、足、耳五个部分。鼓面是一块大圆片，平展正圆，中心有"太阳纹"，以"太阳纹"为中心由内向外逐渐扩散的同心圆组成宽窄不等的图案圈带，称为"晕圈"，有的铜鼓在最外一晕圈塑造了等距离旋转排列的立体装饰物，最为常见的是青蛙形象。

老挝王宫馆藏西盟型铜鼓　韦丹芳　摄

鼓身一般分为三节：最上节和鼓面相连的叫做胸部（也称胴部），一般略为外凸，形成一定球状弧度；鼓胸之下稍内收部分，称为腰部，大多为直筒形，上下两端有界线分别与胸、足分隔；鼓腰之下叫做足部，一般上小下大，略为外撇，形成倒置截头锥状。鼓身通常也有类似鼓面的晕圈，晕圈之间层层布满了图案花纹。在鼓胸与鼓腰之间，垂直嵌置鼓耳两对。

铜鼓是手工铸造品，一般都是一模一器，很少重复。它的外形变化带有很大的随意性，尤其是早期铜鼓，如万家坝型铜鼓，鼓高与鼓胸最大直径比值波动范围很大，有的鼓显得矮胖，有的鼓则显得高瘦。

麻江型铜鼓鼓面　蒋廷瑜　摄

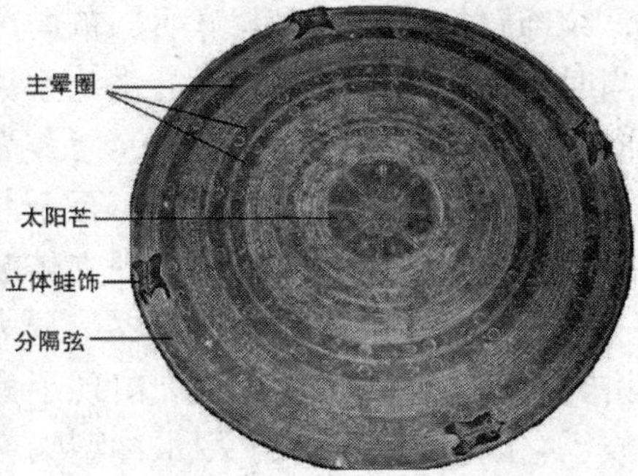

西盟型铜鼓鼓面　韦丹芳　摄

随着铜鼓的不断发展，其各个部位逐渐趋于匀称，鼓高与最大直径的比例也逐渐规范与和谐。根据各种类型铜鼓的高与面径比例抽样统计显示，万家坝型铜鼓的比值绝大多数都在0.8以上，石寨山型铜鼓在0.55～0.75之间的约占一半，冷水冲型铜鼓大多数介于0.618～0.714之间，麻江型铜鼓也绝大多数在0.55～0.75之间，北流型铜鼓介于0.55～0.75之间的约占60%，灵山型和西盟型铜鼓则几乎均介于0.55～0.75之间。以公认的美学标准“黄金分割”比值的0.618来进行参照，我们可以发现，随着时代的发展，铜鼓造型越来越趋于符合美学规范，反映了人们不断发展的审美情趣与追求。

虽然各种类型铜鼓的造型都自觉或不自觉地遵从美学规律，但是，它们却又绝不呆滞死板，而是各有各的特点，花纹各异，造型有别。万家坝型古朴稚拙，石寨山型精致典雅，冷水冲型豪华气派，麻江型灵巧自然，北流型雄伟高大，灵山型凝重端庄，西盟型婀娜娟秀，都给人以一种美的享受，我们不禁要为古代的造型艺术击节称赞。

铜鼓的装饰艺术

铜鼓不仅有着优美的造型，而且还有着精美的装饰。铜鼓的装饰艺术显示出南方古代民族非凡的青铜加工工艺，具有很高的艺术价值，其丰富的花纹图案及生动的立体雕塑，成为解读南方古代民族社会文化的百科全书。铜鼓的装饰艺术，是我国古代装饰艺术中的一朵奇葩。

万家坝型铜鼓作为铜鼓的原始形态，它的纹饰显示了稚拙、简朴、粗犷等原始性特点。到了石寨山型铜鼓，铜鼓的装饰艺术有了很大发展，纹饰题材新颖、主题鲜明、布局严谨，且多为写实性纹饰，如表现当时生活情景的叙事画。冷水冲型铜鼓的人物、动物纹饰则由写实走向图案化，几何纹图案增多，而最为显著的变化是鼓面装饰了生动的人物、动物等形象立体圆雕。至于北流型和灵山型铜鼓，虽然与冷水冲型铜鼓一样在鼓面边缘出现立体装饰，但是它们的纹饰图案却是另一种风格。这两种类型铜鼓器形硕大庄重，花纹不仅纤细繁缛，而且讲究对称，此外，立体装饰出现了累蹲蛙。西盟型铜鼓作为晚期型铜鼓，它既吸收、继承了冷水冲型铜鼓的一些纹饰，也明显受到了灵山型铜鼓的纤细、细腻风格的影响，立饰累蹲蛙出现3蛙、4蛙累蹲，最为别致的则是鼓腰、鼓足所饰的浮雕式棕榈树和圆雕式象、马、狼、蛇、螺蛳等形象。

下面，我们将介绍铜鼓的几种主要纹饰。

北流型铜鼓上的太阳纹 蒋廷瑜 摄

麻江型铜鼓鼓面太阳 梁富林 摄

各类铜鼓都有太阳纹，即鼓面中心作为敲击点的略微隆起的圆饼状及其向周围辐射“光芒”的纹样（早期万家坝型铜鼓太阳纹仅为圆饼状）。用太阳纹作为艺术装饰与古代社会人们崇拜自然神有关。中国南方古代民族有祀日习俗，北齐魏收的《五日》诗曰：“因想苍梧郡，兹日祀东君（指太阳）。”在清人屈大均《广东新语》中记载有粤人于二月十三祝融（即太阳）生日击铜鼓娱神的风俗。祭祀太阳在原始社会是一种巫术礼仪，进入阶级社会之后，由统治者主持祭日盛典，并赋予了自然神以社会属性，把太阳比做君主，用以神化自己的统治。因此，古代铜鼓鼓面中心饰以太阳纹，既反映了人们对太阳神的崇拜，也表现了铜鼓转变为权力象征后统治者神化自己统治的用心。

太阳纹　韦丹芳　摄

云雷纹

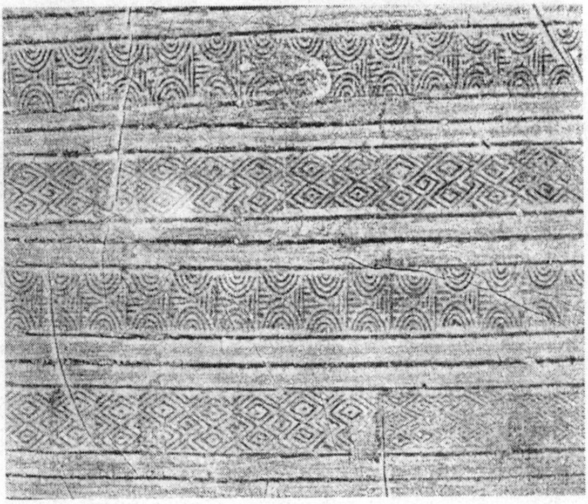

北流型铜鼓上的云雷纹

云雷纹样在各类型铜鼓上都有出现，不过形式多样。万家坝型铜鼓的云纹形态简单，雷纹为回形；石寨山型铜鼓有勾连云纹；冷水冲型和麻江型铜鼓出现了心形云纹、三角云纹、勾连雷纹，麻江型铜鼓甚至出现了形状奇特的S形勾头云纹。上述类型铜鼓出现的几种云、雷纹主要是作为边饰。北流型、灵山型铜鼓上的云、雷纹则自成系统，它们线条纤细，形体圆小，形式多样，有单卷云纹、双卷云纹、半边云纹、波连式云纹、填线云纹、雷云纹、菱形雷纹和椭圆形雷纹等。云雷纹是北流型、灵山型铜鼓上的主体纹饰。西盟型铜鼓有变椭圆形雷纹。

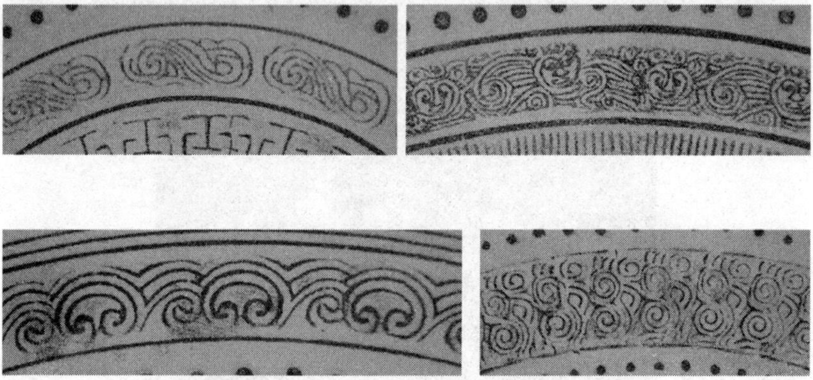

麻江型铜鼓上常见的云纹　梁富林　摄

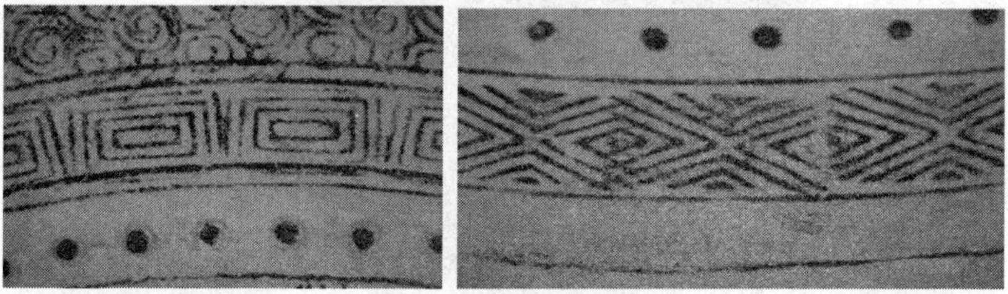

雷纹　梁富林　摄

北流型铜鼓上的雷纹

云雷纹是中国古代的传统装饰纹样，是古代社会崇拜云雷的反映。古代南方民族喜祀雷神，广西、广东许多地方还建立有雷神庙，过去这些庙宇祭祀雷神都要击铜鼓，所以铜鼓上的云雷纹与这种社会风俗和宗教信仰有关。

钱纹

钱纹有圆廓、方孔、弧线、角线等构成，有“五铢”钱纹、“四出”钱纹、“五”字钱纹等形式。钱纹是北流型和灵山型铜鼓上的重要纹样。

钱纹铜鼓鼓面拓片（左为灵山型鼓钱纹，右为麻江型鼓钱纹）

钱纹是中国古代的传统装饰纹样之一，常见于古代各类铜器以至墓砖上。古代铜鼓的钱纹应当与这种传统装饰有关。南方古代民族在铜鼓上装饰与中原地区一致的钱纹，反映了秦汉统一南方后，南北两地经济联系的加强和南方商品经济的发展繁荣。

翔鹭纹

写实翔鹭纹的鹭嘴长而尖，尾若扇形。翔鹭纹是石寨山型、冷水冲型、灵山型和西盟型铜鼓装饰的主要母题纹样。翔鹭绘制数目不等，一般4只，也有6只、8只、14只、18只、20只、40只，灵山型铜鼓上的翔鹭则多达600余只，环饰于主晕内，体态纤巧、排列紧凑。

罗泊湾铜鼓鼓面上的翔鹭纹

我国南方古代民族认为，鼓与鹭分不开，鹭被看做是鼓的“精灵”。《隋书·音乐志》记载：“饰鼓以鹭，有其风流。或曰，鹭，鼓精也。”将鹭绘于鼓上，可能是对“鹭”图腾崇拜的一种反映。

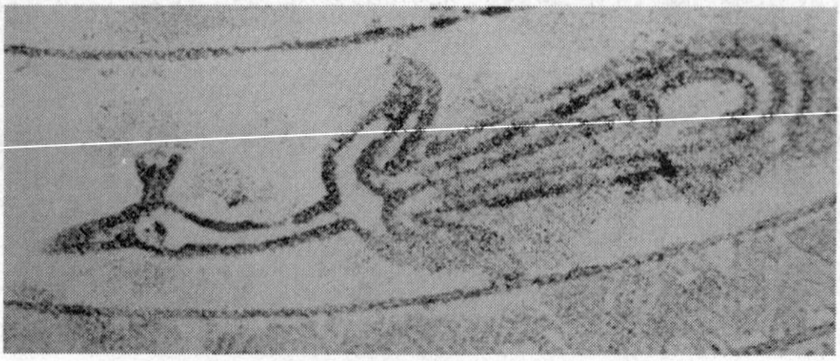

麻江型铜鼓上的翔鹭纹　梁富林　摄

羽人纹

羽人纹多出现于石寨山型铜鼓上，一种是在舞蹈，另一种是在划船。羽人纹后来逐渐衍变为游旗纹，主要饰于麻江型铜鼓鼓面上。头插羽毛的羽人，形象生动，惟妙惟肖，是石寨山型铜鼓上写实性叙事画的主角。如今，瑶族的巫师有的仍然头插羽毛，云南景颇族的巫师在祭神时也头戴羽毛。

船纹

船纹是石寨山型和冷水冲型铜鼓胸部的主要花纹。石寨山型铜鼓的船纹是写实，冷水冲型铜鼓的船纹则是图案化。船纹形式多样，有长有短，有大有小，有的是竞渡场面，有的是祀河场面，有的是捕鱼场景等。这些应该是古代社会生活和习俗的写照与再现。

罗泊湾铜鼓纹饰展示图

蛙饰

青蛙形象装饰于铜鼓，最早见于石寨山出土的一面铜鼓上的纹样，而此后的冷水冲型、北流型、灵山型、西盟型铜鼓都塑造了立体青蛙圆雕。这些立体青蛙圆雕形象生动，等距离旋转排列于铜鼓鼓面的最外一晕圈，数目有 4 只、6 只、8 只不等，有的是单只蹲，有的是两只累蹲，甚至是 3 到 4 只累蹲的。

北流型铜鼓青蛙

灵山型铜鼓青蛙

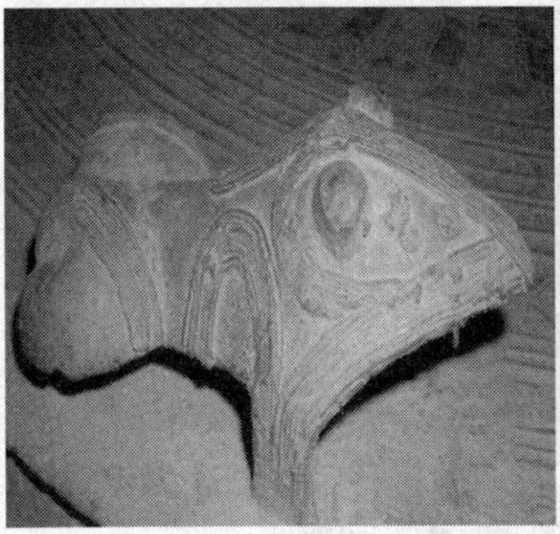

冷水冲型铜鼓青蛙

西盟型铜鼓青蛙

在铜鼓上铸造青蛙立体装饰，其含义有两种：一是南方古代民族崇拜青蛙，把青蛙铸于铜鼓之上加以膜拜，而至今在广西红水河流域的壮族仍崇拜蛙神，人们过蚂拐（当地对青蛙的称呼）节，祭拜蛙婆，跳蚂拐舞；二是南方稻作民族祈望风调雨顺、五谷丰收，所以，人们把作为呼风唤雨神灵化身的青蛙铸造于铜鼓之上，遭遇天旱时便祭祀蛙神求雨。

牛饰与剽牛图

以牛形象立体装饰于铜鼓之上，形式多有变化，出现于铜鼓不同部位。广西桂平出土的一面冷水冲型铜鼓，在鼓面上塑有牛橇和4只大青蛙的立体形象，牛橇在两蛙之间。

在云南广南发现的铜鼓，其腰部有剽牛图：在砍牛场中央立一高柱，一头牛系于柱子上，两个羽人各持一斧头，作准备砍牛状。现在广西南丹白裤瑶仍保留有的砍牛葬礼情景与该剽牛图十分相似。

铜鼓人牛播耕塑像　蒋廷瑜　摄

铜鼓骑牛塑像　蒋廷瑜　摄

铜鼓剽牛图

乘骑饰

在冷水冲型铜鼓鼓面上出现有骑士立体装饰，广西桂平、平南、贵县等地也出土有饰以乘骑塑像的铜鼓。这反映了桂西山区早在汉代就已经广泛使用乘骑这种交通工具。乘骑装饰也是勇敢和威武的象征，这可当是作为铜鼓拥有者的贵族对权力与威严的追求。

铜鼓骑马塑像　蒋廷瑜摄

第五章

铜鼓的社会文化功能

贵州师范大学艺术系蒋英先生所著《布依族铜鼓文化》一书中，有一首概述铜鼓社会文化功能的“铜鼓颂”这样写道：

铜鼓锵锵，声震山冈，号召勇士，御敌卫疆，
披坚执锐，血战沙场，鼓声激励，凯旋回乡。
铜鼓咚咚，声震林中，春种秋收，五谷登丰，
载歌载舞，天赐无穷，祭祀大地，人神相通。
铜鼓铛铛，声震山庄，佳节婚嫁，亲朋满堂，
主宾同庆，喜庆吉祥，人寿年丰，家邦兴旺。
铜鼓扑扑，声震山谷，长者逝去，子孙哀哭，
诵经念咒，魂归天府，佑我后裔，既寿且福。

壮族打铜鼓欢送考察队离村　蒋廷瑜　摄

铜鼓田田，声震霄汉，神器宝物，永奉堂前，
敬爱有加，世代相传，民殷国强，兆民腾欢。

人们使用铜鼓，已经有两千七百多年的历史。在这期间，铜鼓表现出了多方面的社会文化功能，如作为炊具，用来蒸煮食物；作为乐器，在喜庆、祭祀和丧葬仪式中敲击作乐；用来贮财，以示财富；作为重器，以表权威和象征权力；作为军鼓，鸣鼓集众，号令战阵；作为礼器，用于祭祀和巫术仪式，以沟通人神；用作娱乐，为广大民众使用的民俗乐器，等等。

由炊具到乐器

1964 年，在云南祥云县东南的大波那木椁铜棺墓中出土一面铜鼓，形体高瘦，一起出土的还有一只铜釜，大口鼓腹，翻转过来与铜鼓十分相似。人们由此断定，铜鼓是从铜釜发展演变而来的。因此，铜鼓的原始功能当是作为炊具使用。1975 年在云南楚雄县万家坝古墓葬中出土的铜鼓则成为有力的证据。此次发掘共出土铜鼓 5 面。这些铜鼓是迄今出土铜鼓中最为原始的，它们器身似釜，外形粗糙，鼓面小，胸部鼓突，腰细长，足短外开，外壁无花纹，而内壁有花纹，出土时都是倒置，和一同出土的 3 只铜釜几乎完全一致。更为有意思的是，这些铜鼓大部分鼓面都有烟熏痕迹，说明这些铜鼓确实曾作为炊具使用。而据彝族《铜鼓歌》叙说，彝族祖先在长途迁徙过程中，曾经“拿鼓（铜鼓）当锅用，熬煮野菜吃”。事实上，直到明代，仍然有拿铜鼓当炊具使用的现象，当时在西南民族地区多年从事征剿战事的王阳明有《征南日记》诗云：“铜鼓金川自古多，也当军乐也当锅。”

而最先作为炊具的铜鼓，又是怎样演变成为打击乐器的鼓呢？

我们都知道，艺术起源于生活。在人类早期社会，人们并不是一开始就会有目的地去制造某一种专门的乐器，而往往是得益于平时生产生活的启发。对一些劳动工具或生活用具进行了有意识的简单敲击，敲击所发出的声响按强弱快慢组合起来，便是最原始的音乐，而这些劳动工具和生活用具就成了最原始的打击乐器。被誉为“俄国马克思主义之父”的普列汉诺夫在其著作《艺术论》中说道：“生产者简单地敲击自己劳动对象的工具，一定比其他都更早地经历这种变化。大家都知道，鼓在原始民族那里是非常普遍的，而且在某些民族那里，

至今仍然是唯一的乐器。"

我国古代有不少关于敲击用器以为乐的记载。战国时代楚国爱国诗人屈原在《离骚》中说："黄钟毁弃，瓦釜雷鸣。"在这里，诗歌是借用以炊煮具的陶釜代替铜钟敲击的现象来比喻人事关系的颠倒，同时也说明了作为炊具的陶釜在当时有代替乐器铜钟使用的现象。在《史记·廉颇蔺相如列传》中记载的渑池会上蔺相如威逼秦王击缶（陶缶，盛酒器）为赵王奏乐的故事为大家所熟悉。这些记载表明，在古代，许多生活用具都可以作为乐器的代用品。甚至在今天，我们有时也会拿出一些锅碗盆瓢来敲敲打打，以成音作乐。

炊煮之器可以随手抓来敲击奏乐，我们可以想象，生活于早期社会的人们在吃饱喝足以后，便随手将身边的铜釜翻倒过来，用树枝、木棍敲打，或浑厚、或清脆的声响不禁令人欢欣喜悦，并伴以手舞足蹈，这是很自然的现象。久而久之，人们出于对音响效果的追求，而对铜釜进行了不断改造，用于敲击奏乐的铜釜开始专门作为打击乐器使用，不再用作炊煮食物，也就成了作为乐器的铜鼓。

云南石寨山出土的"杀人祭铜柱场面盖虎耳细腰铜贮贝器"，器盖上铸有立体杀人祭铜柱典礼场面，从中可以见到铜鼓与錞于合悬于一木架之上，铜鼓侧悬，吊耳于横木上，錞于正悬，旁一人执鼓槌敲击之。另有石寨山出土的铜鼓形贮贝器盖上有"阴线印铸的妇女九人，其中……二人抬一铜鼓，一人双手戴大圆环，作舞蹈之状，二人击一铜鼓，边击边唱。"人物屋宇镂花铜饰物中，亦有用铜鼓作舞蹈伴奏的场面①。这些都说明了，当时铜鼓已经作为打击乐器在使用。

晋宁石寨山 M12：205 号器面图像

① 云南省博物馆：《云南晋宁石寨山古墓群发掘报告》，75～78 页，92～93 页，文物出版社，1959。

后来，在一些重要典籍中，如《通典》、《文献通考》、《太平御览》等都把铜鼓归入“乐部”，把它作为一种乐器加以记载。《新唐书·南蛮列传》记载：唐代东谢蛮宴会上“击铜鼓，吹大角，歌舞以为欢”。明代田汝成的《炎徼纪闻》载：仲家“俗尚铜鼓，时时击之为乐”。清人屈大均《广东新语》中说：“粤之俗，凡遇嘉礼，必用铜鼓以节乐。”这些记载，反映了铜鼓作为乐器在宴欢喜庆上使用，以击乐助兴。而同时，铜鼓也常用于丧葬仪式中敲击。自宋代开始，关于铜鼓用作丧葬乐器的记载逐渐增多。如《太平寰宇记》卷一六三记载新州（今广东新兴县）风俗说：“豪渠之家，丧祭则鸣铜鼓。”李京的《云南志略·诸夷风俗》记载：白人死，“击铜鼓送丧”。近现代民族学者岑家梧在其著作中也有记载：“（水族）出殡时，燃爆竹，放大炮，吹喇叭，击铜鼓。”① 而根据当代的民族学调查，如今在云南、广西的壮族、瑶族、水族等少数民族依然保留有“击铜鼓送丧”的丧葬习俗。

铜鼓的音乐性能，具体体现在音量、音色和音调上。古书常有“击之响亮”，“声闻数里”，“振响遏云”等记载以形容铜鼓的音量宏大。而铜鼓的优美音色，古人也常以“声极圆润”，“叩之渊渊”等词汇加以赞赏。铜鼓由炊具转化成为一种独立的打击乐器，是其使用功能的第一次重要转变，甚至可以说，是其功能发展演变过程中一次质的飞跃。铜鼓开始变成为一种专门化的打击乐器，不管是在喜庆时击打，还是在祭典和丧礼中使用，其功能具有了社会文化的价值和意义。

财富与权力的象征

前面我们提到的云南楚雄万家坝古墓群，其中 M23 号墓葬出现了四面铜鼓垫棺的随葬现象。万家坝古墓群发掘报告指出：从整个墓葬群的情况看，当时社会上阶级的划分和贫富对立已十分显著，其社会无疑已进入奴隶制，但尚处于初期阶段，氏族内部的血缘纽带仍然存在。其中 M1 和 M23 的墓主人可能即为《汉书》、《华阳国志》所载的

---

① 岑家梧：《西南民族文化论丛》，广州清华印书馆，1949 年。

西南夷的“邑君”、“侯王”之流①。在当时，铜鼓的铸造，需要具有一定的物质基础，而把铜鼓当做随葬品，说明铜鼓这时除了正在由炊具转化为乐器之外，还正在转变为“邑君”、“侯王”之流占有和彰显财富的象征。

在石寨山墓葬中，共发现铜鼓 19 面，其中有 11 面铜鼓盛满了当时作为货币流通的海贝，此外，还有将铜鼓改造或是仿造铜鼓之形制作的专门装载货币的贮贝器。在这里，铜鼓显然成了象征财富的“聚宝盆”。根据现代民族资料显示，我国贵州三都水族、老挝拉棉人等都还有将铜鼓用来装载财宝的习惯。

铜鼓腰部铭文

据《晋书·食货志》记载，晋孝武帝在太元三年（378 年）下了一道关于禁止在广州地区熔化铜钱铸造铜鼓的诏令。从诏令中可以看出，在当时有许多“官私贾人”将“国之重宝”的铜钱偷运到两广地区卖给当地“夷人”，夷人则将铜钱熔化，用来铸造铜鼓。由此可见，在这些“夷人”看来，就是按斤两计算，铜鼓也比当时流通的货币还要贵重。到了明代，铜鼓“鼓声宏者为上，可易千牛，次者七八百”（《明史·刘显传》）。这是我们于史书记载中所见到的铜鼓最高价格。历史上，富人们“必争重价求购（铜鼓），即百牛不惜也”，铜鼓本身已经是一种财富。

我们知道，财富又往往与权力有着密切地联系。权力支配财富，

---

① 云南省博物馆文物工作队、四川大学历史系考古专业七四级学员：《云南省楚雄县万家坝古墓群发掘简报》，载《文物》1978 年第 10 期。

而财富保障权力。既然铜鼓是财富的象征，所以铜鼓也就成了权力的象征。前面我们提到的万家坝和石寨山古墓铜鼓随葬，即说明当时统治阶级以铜鼓作为殉葬品，除了彰显生前的财富外，更为重要的自然是企望死后能够在阴间依然拥有权势与地位。

铜鼓作为权力的象征，在广西左江岩画里也有生动表现。左江岩画是战国秦汉时期骆越人社会生活的文化遗迹，其留下的众多铜鼓图像，有一些是表现“早期铜鼓的权力功能”① 的画面。如在岩画中，骑马者或配剑者周围都绘有3～4个铜鼓面，首领两足间置一个铜鼓的图像也多有出现②。图像中的骑马者、配剑者无疑是族群中具有身份和地位的统治者，而铜鼓则成了他们身份地位的最好表征，作为一种实施统治的符号。

古代文献关于铜鼓作为权力象征的记载非常丰富，大到朝廷典籍，小到个人游记，以及民族史诗对此都有记述。《太平御览》引晋人裴渊《广州记》说道：“俚僚贵铜鼓，……有是鼓者，极为豪强。”明代朱国桢的《涌幢小品》也有类似记载：“藏鼓二三面，即僭称寨主矣。”彝族英雄史诗《铜鼓王》说道：“铜价值高，有鼓便称诏。谁个铜鼓多，那就称大诏。那个铜鼓少，只得称小诏。”《明史·刘显传》则记载了这样一个故事：万历元年（1573年），四川巡抚派刘显进剿叙州都掌蛮大胜，战败的都掌蛮酋长阿大对其他各项损失并无多提，独独对铜鼓的丢失痛心疾首，大泣：“鼓声宏者为上，可易千牛，次者七八百，得鼓二三，便可僭号称王。鼓山颠，群蛮毕集。……鼓失则蛮运终矣。”这些记载都在反映这么一个事实，即在当时的南方民族中，拥有铜鼓者，便拥有极大的权力，可以称王称霸一方，而失去铜鼓，则意味着统治权力的终结。

铜鼓作为权力的象征，往往也被当作权力的信物传给继承人，如《续资治通鉴长编》记载：“家有铜鼓，子孙秘传，号为右族。”同时，铜鼓还被作为对有功者的赏赐品，或向中央王朝进献的贡品，如《旧唐书·东谢蛮传》记载，东谢蛮对“有功劳者，以牛马、铜鼓赏之”。

---

① 雷从云：《再论古代铜鼓社会功能中的礼器特征》，载《声震神州——文山铜鼓暨民族历史文化国际学术研讨会论文集》，133～137页。

② 陈远璋：《左江岩画铜鼓图像的初步探讨》，载《广西博物馆建馆60周年论文选集》，广西民族出版社，1993年。

《宋史·蛮夷传》载："乾德四年（966年），南州进铜鼓内附，下溪州刺史田思迁亦以铜鼓、虎皮、麝脐来贡。"以铜鼓作为赏赐，意味着统治权力的再分配；而以铜鼓作为向中央王朝进献的贡品，则表示对最高统治权的敬意和归附①。

当铜鼓的社会文化功能向象征财富和权力的方向演变之后，尤其是作为权力重器以后，人们除了对其数量的追求外，还追求其形体的庞大。从汉代开始，北流型、灵山型、冷水冲型等粤式铜鼓竞相比大，正如晋人裴渊的《广州记》所述："俚僚铸铜为鼓，鼓唯高大为贵，面阔丈余。"迄今为止，我们所发现的世界上最大的一面铜鼓，即广西壮族自治区博物馆馆藏北流型101号铜鼓，其鼓面直径就达166厘米，号称为"世界铜鼓之王"。试想，这样的庞然大物悬置于庭堂，不正如权重一方的酋王霸主的无上威严，令人望而生畏。

击鼓为号

在古代社会，鼓是一种最为常见的乐器。古代中国，鼓的制作非常发达，《周礼·鼓人》对鼓的记载甚是丰富。据《礼记·明堂位》记载，"夏后氏之鼓足，殷楹鼓，周县（悬）鼓"，现在出土的一些商鼓及土鼓，制作精美，可见古代中国的鼓乐制度的完善②。鼓虽常见，却不能随便敲击使用，如商周时代制定完善的鼓乐制度以区分等级和标榜身份，对鼓的使用进行了严格规定。而根据民族资料反映，在少数民族的传统社会里，鼓的使用也是很有讲究。击鼓，除了是一种音乐敲奏，另外，它往往还具有特殊的意义和内涵。如侗族人敲击革鼓，是号召人们集会议事，或是发送紧急事务信号；佤族人敲击木鼓，是作为祭神的乐器需要，另外，也用于集众时发出集会信号，在平时，是绝对不能乱敲的③。

铜鼓，作为鼓家族中的一员，它自然也具有"击鼓为号"的功能。而较之于革鼓、木鼓，铜鼓作为低频响器，其音高声大，鼓声在

① 中国古代铜鼓研究会编：《中国古代铜鼓》，140页，文物出版社，1988年。

② 饶宗颐：《铜鼓三题——蛙鼓、土鼓与军鼓》，载《南方民族考古》第二辑，1989。

③ 凌纯声：《古代闽越人与台湾土著族》，载《台湾文化论集》。

空气中的传播更为辽远。因此，古代的铜鼓民族首选铜鼓为传信工具。清人檀萃在《滇海虞衡志》中有记载：“会集击之（铜鼓），声闻百里以传信。”这反映了铜鼓作为传信工具的良好性能。

在前面我们曾经提到，有人主张铜鼓是模仿革鼓制造出来的，并有人进一步推测铜鼓是东汉马援带兵南征时，发现革鼓在南方的潮湿气候环境下不适用，而制造出了铜鼓。这些虽然不可采信，但是却说明了铜鼓具备有用于战争发号的功能。

击鼓传信，鼓声就是信号，而用之于战争，则鼓声就是命令，闻之而动，不可稍怠。据晋人裴渊《广州记》记载，当时居住在岭南地区的俚僚人打仗时，“鸣此鼓集众，到者如云”。到了隋代，情况也如此。《隋书·地理志》有这样的记载，说俚人“欲相攻，则鸣此鼓，到者如云”。谈迁在《国榷》中也有记载：“始出劫，必击鼓高山，诸蛮闻声四集。”彝族英雄史诗《铜鼓王》说道：“部落开仗火，鼓声传号令。铜鼓是号角，作战把鼓鸣。”这些记载，反映了在历史上铜鼓应用于战事中起到发号集兵的重要作用。

铜鼓在战争中的使用，除了发号集兵，还有另外一项重要功能，即指挥军阵。用铜鼓指挥军阵那种惊心动魄的战争景象，我们可以从钟儒刚的《抚署铜鼓歌》（《粤西诸蛮胜迹》）中体会到：

山鸣雷动声交驰，乌蛮罗鬼心魄离。
一击再击手相随，沙场月白霜风吹。

鉴于铜鼓在战争中发挥着重要作用，因此，在战争中，交战双方都非常重视对铜鼓的争夺。明代朱国桢的《涌幢小品》有记载说：“凡破蛮必称获诸葛铜鼓。”说明了当时的封建王朝对南方民族的征伐战争常以缴获铜鼓作为胜利的标志，因为夺得了铜鼓，就等于夺得了对方的旗帜和指挥权，便可置对方军队于崩溃瓦解之境地，如诗所云：“僚伶仡僮畏都老，获鼓胜获十万军。”所以，中央王朝在镇压西南少数民族时，多以缴获铜鼓为战利品，《陈书·华皎传》载：“征伐川洞，多致铜鼓生口，并送至京师。”明代王世贞的《弇州史料》也有记载：“韩雍晋都察院右都御史军门列铜鼓数十。”在这里，将铜鼓藏于军门，以缴获作为军鼓的铜鼓显示军功。

铜鼓在战争中所发挥的重要作用，早在唐代就有记载。据《唐六典·十六·武库令》载：“凡军鼓之制有三：一曰铜鼓，二曰战鼓，三曰铙鼓。”并“注云：铜鼓盖南中所置”，即指明是南方铜鼓。铜鼓

云南省壮族村干部打铜鼓召集村民（采自《文山铜鼓》）

的优良质地，在战争中的号召力和鼓动力远非其他的信物可比。直到近代，居住在广西、云南等地的一些少数民族，尚凡是“集议军警、公益一切事件，亦以撞击铜鼓为唯一号召之方法”①。

此外，铜鼓那音高声大的鼓声，除用于战事发送信号，也还常用于平时的信息传递。如失火，敲击铜鼓呼吁请求邻寨的人前来援救；死人，敲击铜鼓把不幸的消息告知亲人和邻居。现居住于广西红水河流域的壮族群众在蚂拐节葬青蛙时，将铜鼓抬到山上去敲，告诉远村近邻即将要葬青蛙，号召大家前来为青蛙送葬。同时，铜鼓还使用于巫术仪式当中，敲击铜鼓起到向鬼神发出信号、召唤神灵的功用。下面，我们将专门讨论铜鼓这一沟通人神的功能。

沟通人神

铜鼓产生于南方民族从原始社会跨入阶级社会的初期，那时候的社会情况是“国之大事，唯祀与戎”。而当时，主持祭祀和指挥战争的大权已被垄断在少数贵族的手中，所以用于祭祀和战争中击打的铜鼓，从本质上来说已经不是一般的乐器，而是成为少数贵族所占有的、象征财富与权力的重器。与此同时，随着祭祀活动的频繁，作为身份和地位象征的铜鼓也常陈列于祭祀当中，铜鼓也因此逐渐地被赋予神秘色彩，作为通灵的器具，并演变成为沟通人神的礼器。

① 刘锡蕃：《岭表纪蛮》第十九章，商务印书馆，1934 年。

在石寨山出土的鼓形贮贝器和铜饰图像中所反映的祭祀场景，出现有不同数量的铜鼓，有悬挂敲击的，有平置地面敲击的，也有两人手抬敲击的，而更多则是用于陈列祭祀场地当中。在隆重的祭祀仪式中，陈列着许多铜鼓，这或许跟当时人们认为铜鼓可以通灵有关。在广西左江岩画中，铜鼓也多出现在祭祀活动中，即有多组岩画表现了一群或若干人膜拜于铜鼓之下或旁边。铜鼓用于祭祀仪式，是人们利用它向被祭祀的神灵传达祭祀者奉献牺牲的诚意及祈求的愿望和要求①。

同样的，在石寨山墓葬中出现的许多铜鼓盛满海贝的现象，也可以理解为人们希望通过铜鼓将人世间的财富送达死者去往的鬼魂世界。把铜鼓作为陪葬品，在云南晋宁、江川、楚雄，广西贵县，贵州遵义等地古墓中都有出土，而广西西林普驮还出现了用四个铜鼓互相套合作为葬具盛放人骨和陪葬品的特殊葬仪，这些现象或许都与铜鼓作为神秘的通灵之物有关。

在认为“万物有灵”的原始社会，铜鼓似乎有着先天的优势条件成为通灵的器物。因为铜鼓有节奏的声音能引起人们精神上和肉体上的异常反应，使体验者误以为其中蕴藏着某种超自然的力量，从而对它产生敬畏、尊重的心理②。此外，在由铜鼓集众开战的原始战争中取得胜利后，人们往往会把胜利归功于铜鼓的灵威，正如谈迁《国榷》中所记载：“始出劫，必击鼓高山，诸蛮闻声四集，则椎牛享蛮，出劫数胜，皆鼓之灵也。鼓去则蛮运终。”因此，铜鼓往往又被奉为部族的保护神。

古代的中国南方，巫术盛行，在治病祈祷的诸多巫术仪式当中，人们也常常使用铜鼓来驱鬼请神。《宋史·西南溪峒诸蛮传》上记载：“雍熙元年（984 年），黔南言溪峒夷僚疾病，击铜鼓、沙锣以祀神鬼。”说的是，当时居住在贵州的一些少数民族，人若患上了疾病，不去求医抓药，而是敲击铜鼓“祀神鬼”。

事实上，击铜鼓祀神的现象，到唐代就已经很普遍，而且地域也已经扩大到了长江流域。当时，就有不少诗人将铜鼓赛神写入了诗歌

---

① 梁太鹤：《法器与礼器——铜鼓与铜鼎比较研究》，载《民族艺术》，1997 年增刊。

② 童恩正：《试论早期铜鼓》，载《考古学报》，1983 年第 3 期。

里，如温庭筠的《河渎神》写道：

铜鼓赛神来，满庭幡盖徘徊。
水村江浦过风雷，楚山如画烟开。
离别橹声空萧索，玉容惆怅妆薄。
青麦燕飞落落，卷帘愁对珠阁。

许浑的《送客南归有怀》也同样写道：

绿水暖春萍，湘潭万里春。
瓦樽留海客，铜鼓赛江神。
避雨松枫岸，看云杨柳津。
长安一杯酒，座上有归人。

这些脍炙人口的诗句，不但生动地描绘了古代居住于江南楚地的人们击铜鼓祀神的盛况，还表明当年这种赛神活动都是在江河上举行的。

沿长江的支流沅江西上到湘西苗族地区，在奉祀白帝天王（即竹王）时，也是敲击铜鼓，据清代嘉庆《湖南通志》引王阮亭《汉嘉竹枝五首》（之四）诗曰：

竹公溪口水茫茫，溪上人家赛竹王。
铜鼓蛮歌争日上，竹林深处拜三郎。

南海神庙铜鼓　［日］吉开将人　摄

唐宋以后，岭南地区的铜鼓赛神甚为普遍。宋代做过番禺尉的诗人方信孺在《南海百咏》中记述了广州附近的情况，说广州南海神庙中的铜鼓，“自唐以来有之，《番禺志》已载其制度，凡春秋享祀，必杂众乐击之以佑神。”他咏道：

石鼓嵯峨尚有文，旧题铜鼓更无人。
宝钗寂寞蛮花老，空和楚歌迎送神。

至明代，南海神庙中的铜鼓还是“时鸣以祀祝融（指太阳）”。清代岭南诗家梁佩兰作《南海神庙铜鼓歌》，详细地叙说了南海神庙巫师敲击铜鼓祭神的习俗。

郎德铜鼓　齐　林　摄

使用铜鼓的民族都是农业民族，风调雨顺，五谷丰登对人们至关重要。为此，人们常常进行求雨祈丰收的祭神活动。在这些活动中，铜鼓同样发挥着向神灵传达人们美好愿望的重要作用，不可替代。

与作为权力重器一样，铜鼓作为沟通人神的礼器，人们对它的外形也很为讲究。礼器的特点是形式造作，唯有奇美，庄重威严。自万家坝型铜鼓之后，铜鼓向礼器特征的方向发展轨迹明显[①]。后来的北流型铜鼓、灵山型铜鼓、冷水冲型铜鼓都十分注重造型的美观。这几种类型铜鼓的高与最大径的比例，都十分接近公认的0.618美学标准比值，加上形体高大，外型端庄，给人以威严典重之感[②]。同时，为使铜鼓赋有礼器的重要特征，人们还为铜鼓精心设计和制作了精美装饰。目前所见铜鼓装饰，有雕塑，如青蛙、乘骑、牛、马、鸟、鱼、龟等；有图像，如羽人、太阳、鹭、鱼、船等；有几何纹样，如点、线、圆、方块、三角形等。这些装饰，都是人们所崇拜和熟悉的动物、自然

① 雷从云：《略论古代铜鼓的礼器特征》，载《民族艺术》1997年增刊。
② 蒋廷瑜：《铜鼓艺术研究》，50～51页，广西人民出版社，1988年。

郎德苗族围着铜鼓跳舞　齐　林　摄

物及生活场景，把其饰置于铜鼓之上，或是以此而加以膜拜，或是献给神灵以祈求平安富足，或是寄寓谷物丰收，人丁兴旺，等等。但不管是哪种形式和目的，却都凸显了铜鼓所具备的沟通人神的重要社会文化功能。

走入民间

随着历史的发展与社会变迁，铜鼓的用途也在不断地发生变化，其社会文化功能的又一次重要转变，便是铜鼓走入民间。

明清以后，封建王朝对西南民族地区加强了统治，推行“改土归流”政策，使得地方民族首领独霸一方的地位大大削弱，乃至完全丧失，并最终被朝廷任命的流官所取代。于是，随着原来土酋、贵族统治地位的衰落，曾经作为贵族财富及其统治权力象征的铜鼓，也开始丧失了原来的作用，不再是少数贵族所垄断的财权重器和祀神礼器，而是成为了广大民众所广泛使用的一般娱乐乐器。

铜鼓走入民间，使用人群逐渐扩大，一些过去没有使用铜鼓的民族，也以民俗娱乐的形式对铜鼓加以使用，加入了铜鼓民族的行列。根据文献记载，明清以后在民俗娱乐中使用铜鼓的族群，有黎族、马湖夷、花土僚、仲家、苗族、瑶族、水族等。马端临的《文献通考·夷部乐》载：“上户女出嫁，亦用铜鼓、铜锣焉。”田汝成的《炎徼纪闻》载：“苗人……挝铜鼓，斗牛于野。”清朝《通典·杂乐》记载：“湖南苗……亲戚宴会，即以匏笙、铜鼓为乐。”“（云南）花苗，凡节序击铜鼓”，“仲家，岁时击铜鼓为欢。”可知，铜鼓在当时已经被民众广泛使用于宴欢、婚嫁、节庆、斗牛等民俗活动中，成为中国南方

中堡苗民打铜鼓　蒋廷瑜　摄

一些民族一种很普遍的传统乐器。

铜鼓作为乐器，最常用的场合是为歌舞伴奏。使用铜鼓的民族都是爱歌的民族，他们用山歌表达自己的情感，诉说自己的喜怒哀乐。在唱山歌的同时，人们敲击铜鼓以节拍，于是，铜鼓声伴随着多彩的歌声在山间飘荡，对此场景，古代的文人墨客多有吟咏：

村团社日喜晴和，铜鼓齐敲唱海歌。
都道一年生计足，五收蚕茧两收禾。
——明·汪广洋《岭南杂咏》

碧天霜冷月明多，平澧风交湘水波。
夜夜枫林惊客棹，村村铜鼓和蛮歌。
——明·杨升庵《沅江曲》

铜鼓不但伴歌，更多时候是伴舞，可以不夸张地说，凡是敲击铜鼓，则必有舞蹈。民间常言："铜鼓响，脚板痒。"或是"铜鼓不响不开舞"。《滇南志略稿》记载：云南文山花土僚"自正月至二月，击铜鼓跳舞为乐，谓之过小年"。《黄平州志》记西苗乐岁时说："岁时，吹长芦笙，撞诸葛鼓（即铜鼓），妇人随男人后，摇摆进退，亦自有疾徐三步聚焉。"而根据近现代民族调查资料，在贵州的水族、布依族、壮族和广西的壮族、瑶族中，都有铜鼓舞流行，如贵州布依族有一种舞蹈称为"铜鼓刷把舞"，广西东兰、凤山和都安等县的壮族，在农闲时，相邻村寨常于村郊山头上击铜鼓娱乐，青年男女轻歌曼舞、谈情说爱。

贵州镇宁县革佬坟布依族打铜鼓　蒋廷瑜　摄

如今，铜鼓民俗仍然大量活跃在中国南方及东南亚部分国家和地区，成为铜鼓文化的“活化石”。居住在广西红水河流域的壮族，跳铜鼓舞，喜庆、迎亲、送葬等都要打铜鼓，而使用铜鼓最频繁、最隆重的是在每年正月举行的蚂拐（青蛙）节活动中，当地有《蚂拐歌》唱道：“村村敲铜鼓，正月孝蛙婆。”在这期间，所进行的请蛙婆、游蛙婆、孝蛙婆及葬蛙婆等每个活动环节都离不开铜鼓，都是以铜鼓为先导。打铜鼓，跳蚂拐舞，唱蚂拐歌，通宵达旦，场面热烈，民族风情浓郁，正如山歌所唱道：

大年初一敲铜鼓，请来蚂拐同过年。
请它坐上大花轿，全村男女庆新年。
游村三十日，欢乐三十天，
请得千人来送葬，请得万人来联欢。
从此年年降喜雨，从此月月雨绵绵。
人畜安宁五谷丰，欢乐歌舞落人间。

至现在，铜鼓已经流传了两千多年，分布地域数万平方公里，使用民族成分复杂，其用途也因时、因地和因人而不同。历史上，铜鼓也曾因失去了往日作为财富、权力和神灵化身的荣耀，而一度被人所遗忘，如被当作无用之物闲置，或用来打更报时，或装放杂物等；但是，从整体的历史发展进程来看，铜鼓自发明而发展，不但没有淡出历史文化舞台，反而随着社会历史的发展变迁，被人们不断地赋予新

番瑶祝著节打铜鼓　梁富林　摄

的社会文化功能。而随着社会文化功能的更新，铜鼓自身的发展也得以不断更新，铜鼓类型不断演变和被创造，其使用族群和地域范围也不断扩大，铜鼓在空间上和时间上都有持续而良好的传播与传承。或许，这正是铜鼓的魅力所在。

云南民族村仿制的广南大铜鼓

值得关注的是，目前在广西，无论是从官方到民间，还是从文化学者到普通民众，都把铜鼓看做是广西传统文化的一个重要标志，乃至作为民族文化的象征。如广西文化艺术最高奖命名为“铜鼓奖”，南宁国际民歌艺术节以铜鼓作为舞台背景，百色市修建了规模宏大的铜鼓广场，“铜鼓之王”故乡北流市以铜鼓雕塑作为城市标志，而铜鼓形建筑、铜鼓雕塑及铜鼓图案装饰和装潢等在广西到处可见。这些现象反映了传统铜鼓文化对当代社会文化及经济生活都有着重要影响，人们正在努力把铜鼓升华为民族文化的象征。而这，将是铜鼓社会文化功能的又一次不容忽视的转变。

第六章

铜鼓的民俗

公元前7世纪前后，生活在云南的濮人把炊具铜釜改造成打击乐器铜鼓。此后铜鼓向北传入四川邛都，向东传入贵州和广西、广东，向南传入越南北部，向西传入缅甸、泰国，至今铜鼓已流传了两千多年。贵州南部和广西西北部接壤的红水河流域是保留铜鼓文化最丰富的地区，还在使用铜鼓的民族主要有属壮侗语系的壮族、布依族、傣族、侗族、水族，属苗瑶语系的苗族、瑶族和属藏缅语系的彝族。

壮族铜鼓民俗

壮族是中国少数民族人口最多的民族，主要聚居在广西壮族自治区、云南省文山壮族苗族自治州，少数分布在广东、湖南、贵州、四川等省。壮族族称来源于部分壮族的自称“布壮”。此外，还有自称布侬、布土、布祥、布斑、布越、布那、侬安、布偏、土佬、高栏、布曼、布岱、布敏、布陇、布东等二十多种。新中国成立后，1965年根据周恩来的提议，经国务院批准，将“僮”改为“壮”。壮族是一个具有悠久历史和灿烂文化的民族，壮族是最早使用铜鼓的民族之一，壮族铜鼓源远流长，影响深远。铜鼓声音洪亮，在古代是传递信息、发布号令的重要工具，作为祭祀、赏赐、进贡的重器，它也是权力和财富的标志。明清以来，随着社会的变化，成为一般的娱乐敲击乐器。人们常在喜庆的节日里敲奏它伴以歌舞，在宗教的活动中祭祀祖先，祈求神灵，人安粮丰。

广西红水河沿岸的壮族村寨几乎村村有铜鼓，逢年过节，红白喜

广西东兰南阳壮族春节打铜鼓 梁富林 摄

事，家家都要敲打铜鼓。东兰县兰阳乡的壮族老人去世后，在出殡的前一天晚上，众人将铜鼓携致将要安葬死者的墓地上敲打，直到第二天安葬结束。

壮族铜鼓民俗中最具特色的要数蚂拐节。蚂拐节是广西红水河流域的东兰、天峨、南丹等地壮族民间流行的一种古老而独特的传统节日。壮族传说中掌管风雨的是青蛙女神，并把青蛙称为蚂拐。因此青蛙节又可称为蚂拐节、蛙婆节。人们通过祭祀蚂拐来祈求年年风调雨顺，岁岁五谷丰登，四季人畜兴旺。蚂拐节活动时间多从农历正月初一或初二开始，结束时间不尽相同，最早要在正月鼠日，最晚的要延迟至二月初二。其间经历找蚂拐、祭蚂拐、抬蚂拐棺到各家各户祝祈、唱蚂拐歌，孝蚂拐、葬蚂拐等主要程序或仪式。

每当农历正月初一黎明，人们就敲着铜鼓成群结队去田里找冬眠的青蛙。据说，先找到青蛙的人是幸运的，并被誉为雷王的女婿“蚂拐郎”，“蚂拐郎”披上彩带，成为该年蚂拐节活动的首领。首领要带着大家点燃烟炮，以向雷王报告人间祭蚂拐的喜讯。人们把这只青蛙接回村，放入花轿中。由初一到月底，白天，孩子们抬着蚂拐游村，向每家每户贺喜；晚上，则抬到蚂拐亭下，人们跳蚂拐舞和唱蚂拐歌，以示为蚂拐守灵。蚂拐舞的内容主要是祭祀蚂拐神和敬拜铜鼓。表现蚂拐神领兵征战和农业生产的劳动过程。这些舞蹈都在铜鼓、大革鼓、唢呐和锣鼓的伴奏下表演。其中《拜铜鼓舞》也叫《拜寿舞》，舞者

游村拜年时抬蚂拐棺的儿童
梁富林　摄

东兰县金谷乡牙能村拉达屯
蚂拐节木面具

麽公在蚂拐墓前念祭词　梁富林　摄

两人，分别戴禹王、尧王面具，面对铜鼓作舞，最后在铜鼓前俯伏躬拜，表现对铜鼓顶礼膜拜的虔诚崇敬心情①。守灵、游村的活动进行到第 25 天后，蚂拐节便进入高潮。

麽公（左）用桃树枝将蚂拐打死　刘　莉　摄

这天，人们选择吉时，抬着花轿到青蛙下葬的地方，打开去年葬蛙的宝棺，如果青蛙的骨头呈金黄色，便预示今年是好年景，全场顿时铜鼓齐鸣，同声欢呼。如果蛙骨呈灰色或黑色，便表示年景不好，于是人们就烧香祈求消灾降福。接着，举行新青蛙的下葬仪式。葬礼之后，男女老少一起围着篝火唱歌舞蹈，送蚂拐的灵魂上天。这一夜，人们尽情狂欢，通宵达旦。

铜鼓在蚂拐节上扮演了举足轻重的角色。没有铜鼓是不能举办蚂拐节的。铜鼓在蚂拐节中的作用是为了酬神，即为了取悦雷公和青蛙两位大神。至于为什么要这样做，这要追溯蚂拐节的起源。

相传古时有一个人，家住池塘边，因嫌蚂拐（青蛙）日夜欢叫不得安睡，就将烧开了的水倒入池塘里烫死蚂拐，侥幸活下来的蚂拐就上天告状，雷公即令干旱三年，以惩罚人间。壮民始祖布洛陀为拯救子民，责令人们以厚礼埋葬和祭祀蚂拐，祈求雷公的宽恕，赐予人间风调雨顺。人们听了布洛陀的话，每年都祭祀青蛙。这就是蚂拐节的来历。但是，怎样才能让远在天上的雷公知道人们所做的这些事情呢？

---

① 《中国民族民间舞蹈集成·广西卷》，55 页，中国 ISBN 中心出版，1992。

将蚂拐棺置亭中供　梁富林　摄

布洛陀告诉人们，举行蚂拐节的时候要敲打铜鼓，只有铜鼓才能把人间的信息传到天上去。于是人们就在蚂拐节中打起了铜鼓，目的就是为了使雷公知道人间的祭蛙活动。

举行蚂拐节是人们为了祈求风调雨顺，人寿年丰，六畜兴旺。因此除了祈求上天适时降雨，还必须使地上的那些妖魔鬼怪远离村寨，鸟兽害虫远离田野。要实现这些愿望就得祈求青蛙神。青蛙神神通广大，上天入地无所不能，地上的妖魔鬼怪、鸟兽百虫都惧怕它。红水河沿岸流传的《蛙王的故事》，甚至说它带兵出征，“拿着铜鼓、环首刀和宝剑，骑着水牛去同蛮王作战”，战无不胜，攻无不克，因此人们对它十分崇拜。但是，怎样才能请来青蛙神？怎样送走青蛙神呢？人们认为还是要依靠铜鼓，只有铜鼓才能做到这一切。他们在葬蛙时的祭词中这样告诉青蛙神：青蛙神，青蛙神，今天给你来送行，铜鼓伴你回天宫。明年铜鼓一响你就回，铜鼓召唤你就来。

在蚂拐节中，铜鼓音乐贯穿始终。大年初一找青蛙之前，是敲着铜鼓去的。找到青蛙后，又是敲着铜鼓向大家报喜的。当大家围拢过来后，又是在铜鼓乐的节奏中唱《蚂拐歌》[①]：

---

① 覃剑萍：《壮族蛙婆节初探》，《广西民族研究》，1988 年第 1 期。

蚂拐节时立幡　刘　莉　摄

大年初一敲铜鼓，请蚂拐进村同过年，
让她坐上大花轿，全村男女庆新年。
游村三十日，欢乐三十天，
请得千人来送葬，又请万人来比欢。
从此年年降喜雨，从此月月雨绵绵，
人畜安宁五谷丰，欢乐歌舞落人间。

在迎接青蛙进寨时，也要敲起铜鼓高唱：

敲起铜鼓请蛙婆，喊得天天雨水落，
天女新年进村寨，送来春暖吉祥歌。

在为青蛙送葬时，还是要在铜鼓声的伴奏下唱《铜鼓歌》：

打鼓响一声，万村得太平，
不受水旱灾，不受虎狼侵。
打鼓响二声，五谷得丰登，
一穗三百粒，十粒有半斤。
……
打鼓响十声，报给万众人，
来年风调雨又顺，万家笑盈盈。
今日埋蚂拐，求玉皇开恩。
祈求及时雨，干旱莫来临。

在铜鼓声中，蚂拐节祭祀活动以蚂拐为中心展开：跳蚂拐舞、给蚂拐供五色糯米饭、供米酒和红色鸡蛋。其实这些活动除了具有天地自然崇拜、动物崇拜的含义外，还具有生殖崇拜的意蕴。最明显的是天峨县云榜村的蚂拐节在葬蚂拐时，将蛙棺放在一座石雕青蛙塑像底座下面。这座蛙态人型的雕像，是个女性的塑像，壮话称其为“雅圭”，即“蛙婆”之意。2004 年广西师范学院民俗学家过伟教授和河池市旅游局副局长温远涛先生到现场考察时对雕像进行了详细测量。过伟先生说：“这只蛙婆像乃乳丰、腹隆的孕妇形象。”蛙棺放在蛙婆的屁股下（蛙婆的阴部），是祈求生育繁盛，具有生殖崇拜的意义。

蚂拐轿　刘　莉　摄

铜鼓在蚂拐节中，还起着伴歌节舞的作用。壮族习惯以歌代言，在节日期间，经常唱起山歌，把自己心中的祈愿向蛙神倾诉。唱歌之前，每每要敲一轮铜鼓，酝酿情绪，营造气氛。在具有娱神作用的对歌比赛中，又常以鼓声作为歌中的间歇。铜鼓在这里起着起止山歌的作用；在跳蚂拐舞时，人们随着鼓声节奏或进或退，或蹲或举，铜鼓声又起着节奏的作用①。

铜鼓在蚂拐节中担当如此重要的角色，以至于人们认定没有铜鼓就不能举办蚂拐节。据不完全统计，红水河流域自大化瑶族自治县板升乡至天峨县芭暮乡河段，1950 年以前经常使用的葬蛙场地（亦即青蛙墓地，一个青蛙墓地固定为一个村或数村所有）达 100 余处，东兰县仅大同一个乡葬蛙场地即达 33 处之多。现在这一区域内仍在使用的葬蛙场地已不到 10 处，而东兰县大同乡这一活动已经绝迹。究其原因，就是这里的大批铜鼓在“大炼钢铁”及“文革”中被毁掉了②。

① 蒋廷瑜:《壮族铜鼓研究》，275 页，广西人民出版社，2005。

② 蒋廷瑜：《壮族铜鼓研究》，275 页，广西人民出版社，2005。

插满旗子的蚂拐墓　梁富林　摄

铜鼓除了在蚂拐节等节日中扮演着重要的角色，在壮家人平时的生活中也随处可见铜鼓的身影。在很多的壮族村落，每当农闲之时，相邻各村的农民常常会聚集在村郊的山头赛铜鼓。如果一方乱打或打错，就算鼓手失败，取消比赛资格。鼓声清脆响亮，打得久，打得动听，就算赢。鼓声哑了，或者铜鼓裂了，就算输。其他青年男女，则一边看赛鼓，一边唱山歌，他们借此机会以歌传情，以歌会友。此间，人人兴致高昂，人人自得其乐！

布依族铜鼓民俗

布依族是我国55个少数民族中的一支，主要居住在黔南布依族苗族自治州、黔西南布依族苗族自治州、安顺市、六盘水市及贵阳市郊区。遵义、黔东南苗族侗族自治州、毕节、铜仁等地以及云南、四川的部分地区也有少数布依族分布。铜鼓是布依族古老的打击乐器之一，是珍贵的民族文化遗产，常与唢呐、革鼓、大镲、铙钹、锣木棍混合敲击吹奏。

布依族村寨至今仍然保留了节日、丧葬使用铜鼓的传统习俗。铜鼓是布依族祭祀活动中的重要礼器，几乎每个布依村寨都至少有一面铜鼓，通常由村里的长者或有一定威望的人家保存。只有在过年、办丧事或者其他盛大的节日时，布依人才会请出铜鼓，每次请出铜鼓都要举行庄严而神秘的祭鼓仪式。

孕育铜鼓文化的布依族村寨　韦丹芳　摄

节日（祭祀）中的铜鼓

布依族节日中使用铜鼓主要在农历正月和七月间。届时，人们将铜鼓悬挂堂屋中央或村寨的大树上，多数情况是由寨老、族长或布摩击鼓为乐。贵州师范大学蒋英曾在册亨县秧坝镇黄氏家庭目睹了布依族拜铜鼓的场景：

农历大年三十的下午五点钟，按照祖先传承下来的“规矩”，先将铜鼓平放在专祭铜鼓的供桌上，“耳”的一方有一对野山羊角，视为“正面”。铜鼓面上放三张纸钱，鼓前摆上各种祭拜物品，有香烟、土罐酒、肉、粽粑、糍粑、糖果、水果和三支点燃的香。祭拜开始，主人面对铜鼓站立，嘴里念念有词，这是主人与铜鼓的亲切“对话”。主人的话语叙述着铜鼓从古到今的历史，祈求它给家族及村寨带来福祉。祭拜完毕，主人向铜鼓三鞠躬，在供桌边点燃铜鼓上的三张纸钱，抬着铜鼓在纸钱上方绕三圈，将铜鼓挂在堂屋或门前屋檐下，演奏直至大年十五才收藏起来。①

① 蒋英：《布依族铜鼓》，23～24页，贵州民族出版社，2006。

布依族铜鼓还常被用做祭器，在贵州省贞丰县一些布依族村寨，铜鼓用作祭器的功能一直保持到现在。据一些布依族老人介绍：小孩在夜里惊哭，第二天小孩父亲就会上街购买糖果、香纸、酒水等物品，并将其拿到珍藏铜鼓的寨老家里用于拜祭铜鼓。寨老将铜鼓用黑布包好，“请出”铜鼓，放置在堂屋中央地上，嘴里不时地念着“咒语”，小孩父母则将糖果、酒水，放在铜鼓周围，并点上香烛、纸钱跪拜在铜鼓面前，嘴里念着“祈祷”的词句。仪式完毕，再由寨老将包着铜鼓的黑布打开，父母则抱着小孩，让小孩用手摸一下铜鼓，小孩就再也不会夜里惊哭了。①

整装准备参加铜鼓盛会的布依族妇女　韦丹芳　摄

春节是布依族最隆重的节日。过去，布依族有些地区以农历十一月为岁首，有的以十二月为岁首，即过年是在十一月或十二月。近百年来，逐渐改为以正月为岁首。正月初一清晨，妇女们争先恐后到井里挑“新年水”，又称“聪明水”。人们认为，谁先挑到第一担水，就会在这一年中得到幸福。正月初二，年轻人穿着漂亮的新衣服到村边、山腰、田坝去玩，对歌、吹木叶、唱“筒筒歌”、踢鸡毛毽、丢花包等。从农历正月初一至十五，主要是开展各种文化娱乐活动。这些活动有一定的地方性差异，主要有玩龙灯、耍狮子、跳地戏、演布依族戏、唱花灯、打毛聿、荡秋千、踩高跷、打陀螺、对歌等内容，其中，

① 蒋英：《布依族铜鼓》，32页，贵州人民出版社，2006。

翘首等待参加铜鼓盛会开幕式演出　韦丹芳　摄

传统的娱乐方式是击铜鼓。有不少布依族村寨，从正月初一到月底天天都按专门的铜鼓调打击铜鼓娱乐。正月十五这天，有两项重要活动：一是全寨人聚会庆祝，交接保管铜鼓，轮流到谁家，就在这一天进行保管铜鼓的交接仪式；二是以酒、肉祭祖，吃“油团粑”。“过大年”，象征一家和睦团结和春节圆满结束。

六枝布依族铜鼓节上打铜鼓　蒋廷瑜　摄

有的布依族村寨则要在大年三十晚请铜鼓，请铜鼓时要杀鸡祭鼓，并滴两滴鸡血在鼓腰上，贴上一根鸡毛。由寨老将铜鼓挂好，并先击鼓三槌。如果鼓面朝寨外，可能年内将会有人来借铜鼓；如果鼓面朝内，年内本寨就可能有事发生。这一习俗，一直流传至今。

布依族祭鼓　韦丹芳　摄

丧葬中的铜鼓

布依族丧葬使用铜鼓的习俗不仅有较长的历史，铜鼓的敲击方法也有严格的规定。《独山县志》载，“仲家……丧祭，凡属亲眷及瓜葛木村邻舍，男女络绎成群……男妇对击铜鼓、木鼓，鼓声相应，稍有不合节，罚酒一瓢，饮至昏醉。”明嘉靖《贵州通志·风俗》卷三也载，“丰宁司，仲家婚姻用牛马，有丧击铜鼓举衰。”

现在，在北盘江流域仍流传着布依族老人去世使用铜鼓的故事：

布依族的始祖布杰看到老人们死后都到十二层地狱去受苦受难，就向天神讨来一面铜鼓，从此，当三声铜鼓敲响后，天神就派仙人下凡。引渡亡灵升入天堂，天上也因此有了自己宗族的祖先。

布依族丧葬的过程隆重而复杂，按顺序可分为入殓、祭奠、出殡和送葬。铜鼓一般在祭奠、出殡时使用。有的地区在为去世的老人办“砍卡”仪式时，也要敲铜鼓，以“超度”亡魂升天与祖先团聚，让已故老人的灵魂有个好的归宿。由于“砍卡”仪式耗资较大，家境贫寒的人家往往不能在老人刚刚去世时操办，因此，他们在家族中富者死人办“砍卡”时搭着做，以了却这桩心愿。

总之，布依族每一位老人去世，无论贫富，其家人都把丧葬中“砍卡”视为首要，把“砍卡”仪式中敲铜鼓视为必不可少，仿佛那悠悠的铜鼓声才能了却他们对亡者难于割舍的情缘。

视为神灵的布依族铜鼓

布依族人民从古至今都认为铜鼓是有灵性之物，所以，在布依部落或布依村寨，铜鼓成为庄严肃穆的“信号”物。凡是部落中或寨子里有紧急事，或受到外敌侵犯，寨老会猛击铜鼓以召唤，众人闻听，就迅速聚拢来，共同议事或对敌。比如，若族人中出现有偷盗者或乱伐山林者，抑或有斗殴者，寨老就击响铜鼓，召集众寨老及族人来共同商讨处理意见，对犯者进行处罚。特别是在外敌侵犯时，族长或寨老就要连续猛击铜鼓，族人听了，快速齐聚一堂，商议对敌良策。出征前，人们都要在铜鼓前发誓：要拼死保卫寨子，保卫寨中老幼平安。在和敌人战斗时，族长或寨老又猛击铜鼓，族人听到激越庄严的鼓声，就勇猛地冲锋杀敌。这和古代的“鸣鼓而攻之，鸣金而收兵”是一致的。这就是布依族铜鼓的召唤功能。

祭鼓　韦丹芳　摄

在布依族人的心目中，铜鼓象征着财富、权力和团结。铜鼓平时保存在有威望的人家，用时才抬出来。西部地区的布依族多把铜鼓当做神看待，两耳系红绸，表示镇压邪恶，也不让铜鼓“见天”。如果需要从甲家抬往乙家时，必须用红布包好。因此铜鼓只能在室内敲击，而且都用于庄重的场合，如过年、办丧事和祭祀等。

布依神鼓　韦丹芳　摄

拜铜鼓为“干爹”

一些布依族地区还保留着拜铜鼓为“干爹”（俗称“保爷”）的习俗，每年都有七八家人带着小孩来拜铜鼓为“保爷”。有本地的也有外地的；不仅有布依族，而且还有汉族。祭拜的议程为：父母带着小孩来到保管铜鼓的这一家，带上香蜡纸烛，放鞭炮和送礼物，主人家将铜鼓“请”到“家神”前祭拜，然后小孩面对铜鼓叩头三次，希望“保爷”（铜鼓）保佑他健康成长，岁岁平安。拜毕，保管铜鼓的主人家，要买一套新衣服和包一个“红包”送给小孩，取名时要带一个“铜”字或“鼓”字，如：“铜心”、“鼓声”、“鼓铃”、“铜妹”、“铜音”、“铜钱”，等等，连续三年小孩都要前来祭拜铜鼓。这一习俗一直流传至今[1]。

---

① 蒋英：《布依族铜鼓》，36 页，贵州人民出版社，2006。

瑶族铜鼓民俗

瑶族有140多万人，分布在广西、湖南、广东、云南、贵州5个省区的100余个县，与10多个民族交错杂居，语言不同，族系复杂。按语言来分，有说“勉”话的盘瑶族系，有说“布努”话的布努瑶族系，有说“拉加”话的茶山瑶族系，还有说“炳多优”话的平地瑶族系。在这些族系中，只有布努瑶族系使用铜鼓。布努瑶族系有43万多人，约占瑶族人口的31%。布努瑶分布较广，北起湖南湘西的辰溪县，向西南方向弯曲延伸，中经广西都安、巴马瑶族自治县，再向西南进入云南的富宁县，形成两头小，中间大的月牙形。

现在有些地区的布努瑶已经不使用铜鼓了，还使用铜鼓的只有10万人左右。这些使用铜鼓的布努瑶，主要是聚居在广西都安瑶族自治县的七百弄乡。巴马瑶族自治县的东山乡的瑶族，人们称之为番瑶。南丹县的里湖乡和八圩乡的瑶族，人们称之为白裤瑶。居住在贵州、云南的布努瑶也使用铜鼓，他们逢年过节或疾病丧葬就击铜鼓，求神祭祖，祝福人畜平安，五谷丰登。

番瑶与铜鼓

传统底蕴深厚的瑶族有着各种传统节日，有大节日、小节日之分。大节日有盘王节、春节、达努节、中元节、社王节、清明节等，小节日几乎每月都有。

春节是番瑶的一个大节，时间从腊月三十至正月十五，打铜鼓是番瑶春节期间的主要活动。

番瑶铜鼓平时藏于山上岩洞里或埋于地下，使用时方取出。春节取鼓时间一般在腊月二十七、二十八，称“起鼓”（有的地方在腊月十五就“起鼓”），起鼓后需祭鼓，然后才可以敲打。

番瑶春节打铜鼓，有在家里打、也有在室外打。室外打的地点一般选在村外较平坦、宽阔的山坳上。届时，除了本寨子的人外，邻近没有铜鼓的村寨的人也会闻声而来。一般这种时候，除了轮流打铜鼓之外，人们还会跳铜鼓舞，以及唱山歌等。

番瑶在达努节这天也打铜鼓。达努节这天（农历五月二十九），布努瑶村寨几乎家家户户都杀猪宰羊，杀鸡染蛋，聚餐痛饮。各个村

番瑶在春节中打铜鼓　梁富林　摄

巴马东山番瑶达努节　梁富林　摄

寨大摆歌台。人们身着节日盛装，提酒带肉，敲起铜鼓，吹奏唢呐，对唱山歌，还举行赛马、斗鸟、赛弓箭等比赛活动，将节日的气氛推至高潮。特别是那些年轻的姑娘，头裹刺绣图案精致的黑头巾，耳戴银环，胸挂项链，手戴银镯，身围彩裙，使节日更添美丽的色彩。铜鼓一直被瑶乡人民视为传家之宝，其作为传统的打击乐器，逢年过节更是必不可少，打铜鼓、跳铜鼓舞便成了达努节最重要的活动之一。达努节当天铜鼓表演需要五人出场。两人打铜鼓，一人打铜锣，一人敲革鼓，一人舞竹帽。锣声先响，接着铜鼓、革鼓有节奏地敲响。铜鼓有 12 套传统的打法，从不同的角度、用不同的方法表现耕作、狩猎等与自然搏斗的场景。其动作粗犷有力，舞姿优美大方。舞竹帽者，穿插在上述四位锣鼓手之间，不时作出幽默可笑的动作，逗得观众捧腹大笑。鼓点铿锵，舞姿淳朴，风格粗犷剽悍。表演者虽谈不上有多少艺术感觉，但在劳动中演练出的舞步，清新刚健，舞者配合默契和谐，不时博得观众的喝彩。最佳的舞者还能得到“鼓王”之美誉。

达努节当天最精彩的节目莫过于铜鼓舞，铜鼓舞是以鼓手有节奏地击鼓，由鼓点的节奏变化而引起舞蹈者的动作和队形变化的一种舞蹈。其特点动作，按其形式有六七种。每种动作各有不同的舞步和节拍，风格不尽相同。铜鼓舞中的集体舞以一种固定的男女青年围成圆圈队形。其队形还有半圆形、一字形、纵形、交叉对跳、四方形等。舞步矫健有力，舞姿粗犷灵活，动作幅度大，情绪饱满。跳至高潮时鼓手还常常伴以欢快的喊叫和激动的呼声，呈现波澜起伏的情绪和动人的场面。

番瑶女子也要学会打铜鼓。因为结婚时有新郎新娘打铜鼓的礼俗，因此，女子在做姑娘时就要学习打铜鼓，以免做新娘时因不会打铜鼓而遭人取笑。

白裤瑶与铜鼓

白裤瑶是布努瑶的一个支系，自称“东挪”。主要分布于广西壮族自治区河池市南丹县的里湖、八圩两个瑶族乡，部分散居于河池市金城江区拔贡乡及贵州省荔波县的瑶山等乡，总人口约 2 万余人。“白裤瑶”系别称，《隋书·地理志》中记载长沙郡等地的“莫瑶”时说：“其男子但著白布裤衫，更无巾袴；其女子青布衫、斑布裙，通无鞋。”指的大概就是他们。直至今日，白裤瑶中的男子仍穿长仅及膝的白裤，这一别称亦因此而得。

白裤瑶生活的地区，山脉连绵，峰峦叠嶂，地势高峻。这一带极少有水田，就是可耕之地亦狭窄而贫瘠，新中国成立前均实行休耕制，社会发展较为落后。在经济上，以农业为主的自给自足的自然经济占主导地位，畜牧业、手工业尚未从农业中分离出来，而处于从属地位。在社会形态方面，新中国成立前，白裤瑶社会已经出现了阶级分化，出现了私有制和租贷剥削。但是，由于生产力水平发展的低下，私有

番瑶女子在打铜鼓　蒋廷瑜　摄

制的发展并未能彻底扫清氏族公社的残余，因而仍存在两种不同的生产资料占有形式：家庭私有制及以血缘关系为基础的家族公社公有制。这种家族公社由若干个父系小家庭组成，瑶族称为“卫油”，即通常所说的“油锅”组织。白裤瑶的铜鼓均属于麻江型，分阴阳①两种，一般在春节和葬礼上使用。喜事多打双鼓，阴阳共鸣；丧事则打单鼓，死者是男子的打阳鼓，是女子的则打阴鼓。平时大都把铜鼓埋在土里，也有放于崖洞或家里，由“油锅”头人保管。

铜鼓是“油锅”组织或个人的宝贵财产，所有“油锅”成员都把铜鼓视为神灵或传家宝，所以它的启用和收藏都显得十分神秘，每次铜鼓的使用前后都必须举行祭祀仪式。铜鼓除了在春节和葬礼上使用外，其他时候不能轻易动用，铜鼓必须在农历九月之后才能使用，过了正月十五就要把铜鼓收藏起来，从正月十五到九月这段时间里，无论发生诸如殡葬大事②，都不能打铜鼓③。

1. 节庆中铜鼓的使用

村民们一般选在农历腊月二十七、二十八或大年三十开鼓。这天，村子里保管铜鼓的人会把铜鼓取出来，在铜鼓上摆好酒、肉和饭等祭祀

---

① 白裤瑶铜鼓有公、母鼓之分，即阴、阳两种。公鼓器壁较厚，鼓颈略长，鼓面十二角光芒较平滑，声音较清脆高昂；母鼓器壁较薄，鼓颈略短，鼓面十二角光芒略突起，声音较低沉浑厚。

② 如果是遇到有人去世，死者的尸体由家人先暂时埋在家中或屋檐下，等到秋收以后，再重新挖出，配以打铜鼓、砍牛祭丧，然后重新下葬。

③ 相传白裤瑶在远古的时候是不使用铜鼓的，直到改用砍牛祭丧来代替吃死人肉习俗后，才开始打铜鼓，一直延续至今。

品，并请麽公来进行祭拜，祭拜开始时麽公会念出祭祀语。祭祀语完毕，麽公还得进行丢卦仪式，直到将手中的卦丢得了一正一反，即得到了吉祥好卦，整个祭祀活动仪式才宣告结束。

白裤瑶铜鼓　刘　莉　摄

按照当地人的说法，若卦相未出现一正一反，铜鼓就不能使用，否则会遭到祖先的惩罚，轻者会肚子痛，重者会导致家庭遭难。丢卦的时候是一正一反，就代表显卦[1]。如果一次不显卦那代表祭祀语念得不够好，晚辈不够吉祥，这时麽公将被处罚性的喝掉一碗酒，并将祭祀语从头念一遍，继续丢卦，直到显卦为止。按当地风俗，如果麽公功力不够，或者如果念错铜鼓的名字那就肯定不会显卦。这样他就要多喝几碗酒，多丢几次卦了，通常情况丢三四次

白裤瑶麽公丢卦仪式　刘　莉　摄

① 好卦、吉祥卦的意思。

都会显卦了。在丢卦仪式结束后“油锅”头人将铜鼓悬挂在屋内敲奏，一人手持鼓槌①敲打鼓面，一人拿木桶②在后面合音，一边呼唤着历代亡故男祖先的名字，迎接祖先回家过年。

到了正月十五元宵节这一天，村民们将用敲响的鼓声送春节“迎接”回家的祖先“升天”，鼓声通宵达旦。类似这样的祭祀活动，参加的村民都是由各自家族、“油锅”组织自发组织的。到了最近几年，由政府组织的各种“铜鼓比赛”也在日益增多。其中一年

里湖乡铜鼓比赛现场　刘　莉　摄

一度的“里湖乡铜鼓比赛”声势浩大，乡里各个村寨组队来参加比赛。届时，人山人海，鼓声震天，场面极其热闹壮观。

元宵节一结束，铜鼓将按照传统收藏起来，直到第二年春节或秋收过后有老人过世时才取出来。与开鼓仪式一样，收鼓仪式同样先把酒、水、肉摆在铜鼓上，然后麼公才开始念祭祀语。再来也进行丢卦仪式，丢到等卦相显示吉祥后仪式宣告结束。当天晚上，主家隐秘地

---

① 鼓槌是用一根小木条插入长 12 厘米、横截面直径 6 厘米的鸡血藤做成，鼓槌使用前须用水浸泡，使之柔软，既可以避免敲坏鼓面，又能使铜鼓发出柔和动听的声音。

② 又名助音桶。高 70 厘米，桶口直径 40 厘米，桶底直径 30 厘米。每面铜鼓配备专门的一个木桶，当铜鼓敲响后，一人用木桶在铜鼓底部来回进出，把声波冲回铜鼓，在木桶和铜鼓之间形成一个共鸣箱，使得铜鼓的音色深沉浑厚，更加优美动听。

白裤瑶打铜鼓　刘　莉　摄

将鼓收藏。在藏鼓之前，人们都会把鼓擦洗干净，一般不用水洗，更不能用酒和煤油洗，因为如果用酒跟煤油来洗铜鼓的话，鼓很容易会被酒精、煤油腐蚀，从而影响或破坏铜鼓的声音。故铜鼓一般都用米来洗，即把鼓放在米堆里，用米来回摩擦鼓面，这样经米洗过后，鼓面干净、鲜亮；也有将鼓拿到河边用河沙来擦的，但这样做铜鼓鼓面的花纹容易被磨花，故“洗鼓”基本还是以米洗为主。

白裤瑶收藏铜鼓的方法有许多种，有放在岩洞里的，有埋在地下的，还有放在自家阁楼上的。人们大多都选在半夜两三点，夜深人静的时候藏鼓，一般将鼓固定地埋在一个地方，在埋藏处放竹子、绳子或其他东西做记号。埋鼓者定期进行跟踪保护，一旦发现这些标记被人为地挪动，鼓主就会换另一个地点收藏。藏在岩洞里的方法，大都是选择一个只能容一个人爬进去的小洞，一般不另外挖洞，把鼓放进去后，用石块等装饰洞口，以修饰得尽量看不出人为的迹象为好。对于盗鼓者来说，当他挖洞口的石块时，由于共振就能听到洞内铜鼓发出的“嗡嗡”声，容易得知岩洞里面是否藏有铜鼓，因此这种藏鼓方法风险性相对较大。无论哪种收藏方式，其目的都是保护铜鼓不被他人盗取，以确保铜鼓能够得以继续传承。

2. 葬礼中铜鼓的使用

除了春节和元宵节，葬礼是白裤瑶铜鼓使用的另一重要场合。白裤瑶的丧葬，经历了两个阶段的历史演变，先是岩洞葬，然后到土葬。

到了清代末期，岩洞葬多已为土葬所替代而沿袭至今。白裤瑶社会的葬礼是一项重要而且规模盛大的人生礼仪活动，同时又是一项跨村的综合性社团活动，其热闹程度是其他的社会活动无法比拟的。

白裤瑶社会里凡是有人去世（3 岁[①]至 100 岁）都可以举行葬礼，族人认为这是一种光荣表征，除非是凶死[②]，届时都会为死者砍牛[③]送葬、打铜鼓、跳白裤瑶的“勤泽格辣”[④]。砍牛的头数依个人家庭经济状况而定，一般 1 头，也有 2～3 头的，家庭富裕有砍 7～8 头的。如果当年没有能力砍牛的家庭，以后一定要追补。关于砍牛祭丧的由来，民间有三种说法：一种是作为死者的替身，代替过去吃死人肉的习俗；另一种是供死者在阴间使用；第三种是安抚死者，以免死后“作怪”。砍牛与打铜鼓在白裤瑶葬礼上同时进行，而有关打铜鼓的传说各地不一，有的说是表示对死者的哀悼，沟通神灵使死者安然进入阴间；有的却认为打铜鼓表示死者生前富贵，让死者在阴间仍享富贵。所以，即使是家境困难的人，也会千方百计借钱来砍牛，用来超度死者。而那些生活一贫如洗，一时没有能力为死者砍牛的人，过后一旦稍有能力，一定会买牛给死者补砍，重新祭祀亡人。

（1）“开路”

村子里如果有人过世，一断气立即先由其家人烧水为其洗澡，分前后各抹三下，接着给他穿上一件生前较好的衣服，再用一张绣有五个或七个瑶王印章的布把尸体裹住，在地上铺一堆稻草，上面放张席子，在席子上面再铺上一层白布，死者的尸体就放在白布上，停放在房屋正中。然后由丧家请本“油锅”的兄弟一至二人，带上砍牛刀、雨伞各一把，谷穗三根，到死者舅爷家报丧。舅爷得到噩耗后，立即

---

① 一般 3 岁至 10 岁的孩子死时很少砍牛，除富裕的家庭和十分宠爱的孩子方可。

② 即除了生老病之外的为凶死，凶死者的仪式另有禁忌，没有砍牛也没有打铜鼓，更不能埋入公共的坟场。

③ 杀牛祭礼的仪式。白裤瑶砍牛祭葬，有严格的礼仪，时间一般都在吉日的下午龙、鸡、猴时进行。砍的都是水牛，只有在没有水牛的情况下才会用黄牛来代替。按照当地人的说法，水牛的角又大又长像龙角。所以在买牛的时候，如果水牛角又大又长就算身上没什么肉，多贵的价钱他们都会买。

④ 译为“打老猴舞”的意思。只有在办丧事的时候才跳。在葬礼上，打木鼓的人会一边模仿猴子的动作，一边敲打木鼓。

邀上本“油锅”兄弟数十人，带上砍牛刀、铜鼓，与报丧者一起到丧家奔丧。作为迎接礼，丧家孝子与“油锅”兄弟抬酒在门外恭候，舅爷到的时候，孝子们一起跪在地上，用一节小竹筒盛酒递上给舅爷及其同来的“油锅”兄弟。待舅爷喝完酒后，双手扶起孝子，一齐进丧

麽公给死者“开路”　刘　莉　摄

家。当舅爷进门时，丧家的人须全跪在屋内放声大哭，由舅爷一一扶起后，舅爷走到死者身边哭泣吊唁，哭毕，用手拨开死者头上的白布验尸，这时候，丧家才能殓尸装棺。

死者入棺前，要请麽公给死者“开路”，即为死者指引通往与祖先团聚的去路。麽公来到后先用一根竹竿在朝西的屋角捅开三块瓦片，或用手从茅屋的西角扯下三根茅草，大叫“唔！唔！唔！”三声，然后就怀抱一只公鸡到香炉前三鞠躬，然后绕灵柩三圈，一边喃念历代祖先的姓名，叫他们来接死者的阴魂上天去与祖先共同生活。然后，麽公用嘴咬断鸡颈，把鸡丢出门外，这时死者的亲属才开始大声哭丧，因为从这个时候开始，死者才正式作为死人离开人间。在死者入棺的当天晚上，丧家请麽公用唱的形式把死者一生的主要经历述说出来，用以缅怀死者，启迪和鼓励死者的子孙后代。麽公在锣鼓声的伴奏下，口中呼唤着丧家祖先的名字，把死者的灵魂送到阴间与祖先团聚。在此期间，亲友们都围在灵柩旁，表示亲友们的灵魂也伴送死者的灵魂而去，一起护送死者到祖先居住的地方。麽公则历数死者途经的地名，待死者的灵魂到达“目的地”后，锣鼓手便敲回魂鼓，催促送葬者的

灵魂回到人间，最后麽公大声念道：“亲戚、朋友、宾客通通一起回来啊！”送魂仪式就此结束。

（2）砍牛

白裤瑶下葬必须选择吉日，一般以龙、马、猪、鸡[①]等日为吉利，在出殡前先要给死者砍牛、打铜鼓。下葬的日期选定后，丧家就开始发丧，当亲属、朋友接到丧告后，在砍牛的当天，大都以“油锅”为单位挑着酒及谷穗，背着铜鼓，成群结队纷纷赶来。届时丧家必须派人到村口去迎接前来奔丧的亲友，亲友们[②]进村后，先要到丧家灵堂吊唁死者，然后出门接受丧家敬酒后，就把铜鼓拿到铜鼓场上挂在铜鼓架上，由麽公念过后方可敲打。如果是丧家的舅爷及其“油锅”兄弟来奔丧的话，待他们吊唁完毕，丧家还要招待他们吃饭。饭后，舅家要挨家挨户地到住在本村的死者的直系亲属家慰问，由死者亲属向舅家敬酒，并再请他们吃饭[③]。等舅爷及其“油锅”兄弟走访完毕后，也会像其他来奔丧的亲友一样，把铜鼓挂在铜鼓架上，由麽公念过祀语后，才可以敲打。

白裤瑶麽公在喃念驱赶邪恶的咒语　刘　莉　摄

砍牛场一般设在离寨子不远的草坪上。砍牛的当天早晨，麽公会

① 意思是龙有水，利于耕作，马跑得快，猪和鸡生仔多。

② 来奔丧的亲友如果年龄大过死者的，不能进入灵堂，否则会减寿。

③ 即使已酒足饭饱，仍要象征性地吃一些，方能出门。

一早来到丧家喃念驱赶邪恶的咒语，祈求祖先保佑砍牛大事的顺利进行。到了下午三四点钟砍牛正式开始，先是由丧家兄弟撑着黑伞陪同舅爷走进砍牛场，站在拴牛桩对面 5 米远的地方。接着，一个披麻戴孝手持竹鞭的人牵着牛来到场上，把牛套在拴牛桩上后，就返回丧家灵堂，向众人报告砍牛场上的工作准备已经就绪。参加送葬的人闻讯后，全场呜咽着绕灵棺一圈，然后鸣地炮①三声。放完炮，披麻戴孝的人们一个个肩背竹篾帽，手持夹有一根糯谷穗的细竹枝，男在前女在后，排着长队走进砍牛场，大家边走边哭，轮流给即将被砍的牛跪拜三下后拿糯谷穗喂牛，然后丢下竹枝沿来时的路，依依难舍地离去。这时，留下其中一位孝子牵着牛绕木桩往返各三次，用竹筒装酒喂牛后，然后出砍牛场回家。

哭牛完毕，肩挂白布的麽公出场，呼喊着历代过世祖先的姓名，一边从竹篮里掏出糯米一把一把地撒向牛背，每头牛祈拜三次，一边喃念：

安葬在××（地点名称）地方的××（祖先名字）祖宗，今天，儿孙××（孝子名字）给你送牛来了，这是他们辛勤创造的财富，请你带去归祖归宗，接收××（死者名字）与你们一起劳作、生活。

等念完，由麽公用鞭子分别在牛的身上打三下，众人再鸣炮三响②。接着，由 7 位穿裙子的姑娘绕场一圈，手提装有包谷粒的布袋，边走边掏包谷粒撒向围观砍牛的群众，表示给他们添福添寿。最后，站在伞下的舅爷出场，先是给每头牛敬两口酒，撒三把米，再跪拜三下，嘴里说道：

让我以舅爷的名义，砍你们来祭祖宗，接待亲朋好友，这不是乱砍乱杀，而是依据盘古开天地的传统礼仪进行的，要你们到阴间去与××（死者名字）一道耕作……

念完，舅爷家的两名砍牛手接过明晃晃的砍牛刀，轮番向牛头砍去。如果一刀砍下去牛头差不多断下来（还连着一点筋）就算他有本事了，会得到人们的称赞。如果牛躲闪而砍空或砍在牛角或其他部位

---

① 地炮用铁铸成，形若“王”字，中间一竖是空心的，作填放火药用，“王”字底一横，有个洞眼，与中间一竖相通，作引火孔。点炮时，过去用根一米余长的金竹竿，尾部系上一截可燃物点火，点燃火药即发出“轰”的爆炸声；现在直接拿一根香火点炮。

② 若死者是男人，再加 5 响猎枪。

上就引起观看的人们哄场大笑，笑声中包含着鼓励他继续砍下去，每头牛只砍三刀，之后，大家就会用麻绳捆住牛脚把牛拉翻，把牛按倒在地上用杀牛刀捅死，接着把牛血倒进酒桶，用瓢舀起来分给参加砍牛的帮手们轮流喝。在旁边观看的外来亲朋也可以喝，只要你喝得下，白裤瑶同胞就认为你看得起他们而感到高兴。

白裤瑶砍牛　刘　莉　摄

牛被砍死后，牛头当即被割下，丧家随即把牛角钉在刻有象征阶梯的杉木桩上，当地人称之为“追垒”①，“追垒”是祖坟的一种记号，木桩上所削的每个坎意味着让牛走进阴间用的阶梯，到第二天下葬时再把它移到死者的坟前。一般砍多少头牛，就埋多少根“追垒”，钉多少对牛角，从“追垒”的多少，人们往往可以判断死者的贫富程度。人们在处理牛肉时，如果是请舅爷来砍的，要给舅爷留一腿牛肉（前夹九条骨头算起），约一头牛的四分之一，另外还要给一些刀口颈肉。如果是请丧家“油锅”兄弟来砍的话，就只用给砍牛的及其他来帮忙杀牛的本“油锅”兄弟每人一斤六两牛肉。来参加葬礼凡是送有五至十斤酒的亲戚、朋友，丧家都要给每人回礼四两牛肉，而剩下的其他人，只在出殡当天招待他们吃一餐牛肉即可。

（3）打鼓

砍牛这天，每个“油锅”都会背一面铜鼓到丧家，没有铜鼓的“油锅”，可以向别的有铜鼓的“油锅”借。扛来的每面铜鼓的鼓耳上都系着两三把稻穗，铜鼓进村后，先扛到丧家在灵柩前“报到”，然

---

① “追垒”上的坎阶数，按死者的年龄而定。17～30岁的削5～7坎，40～60岁的削7～9坎，80～100岁的削11坎，男的打单数，女的打双数。

后再背入铜鼓场，由本“油锅”成员挂到铜鼓架上，等麽公念过后才能敲打。丧事用的铜鼓多少不等，少则七八个，多达二三十个，一般说来，来奔丧的人越多，所带来的铜鼓也就越多。对每一面来奔丧的铜鼓，都要先给麽公念过。届时，麽公手拿稻穗糯米酒从左到右依次祭铜鼓，将稻穗在鼓边、鼓面由外到里、再从里到外都洒一遍，这才作好了敲打的准备。祭鼓的原因，有三种讲法：第一，只祭有裂缝的铜鼓，为的是不让它影响其他好鼓的声音；第二，祭鼓的时候，亲戚朋友会告诉麽公这面铜鼓是哪个亲戚背来的，丧家就可以知道哪家背铜鼓来了，对鼓主表示感谢；第三，用酒洒在鼓面，敲打的时候会更好听，鼓的声音会更洪亮。

敲铜鼓，有严格的程序。先是由丧家“油锅”头人指定打木鼓的师傅试鼓，然后公布死者享年多少岁，说明今天是专为他敲鼓送进阴间的。铜鼓的排列也有固定的顺序，挂在开头和最后一个的铜鼓，一定是由丧家请来的，挂在第二个的铜鼓是舅爷家的，接着再按亲朋好友到场的先后顺序排列。挂铜鼓用的木架按到场铜鼓的多少逐渐增加，先一字排开，随铜鼓的增多又弯成一个“7”字，如果再有增加就继续排下去，一直排到构成一个完整的“口”字形。待铜鼓阵列排好后，由锅头点燃一炷香，双手捧在心窝处，一边慢慢走，一边口中念念有词，走到事先摆好的祭桌前，把香插入一碗米中，低头绕桌一圈后退场。随后丧家摆出肉、糯米饭团、酒等物进行祭鼓——用一张枫树叶蘸酒，在每个铜鼓的“猫爪花”① 上擦三遍，再把一扎十斤重的糯米饭挂在吊铜鼓的横木上，表示参加葬礼的鼓神酒足饭饱，就可以哀歌了。在举行砍牛前，亲朋好友们会尽情地敲打着铜鼓，因为在他们的观念中，人的灵魂是不灭的，人死之后，死者的灵魂必须到祖先那里去与他们团聚。所以，他们要不停地敲击铜鼓，让如诉如泣的鼓声惊动冥冥中的神灵，通知他们准备接纳死者的灵魂。直到砍牛前几分钟人们就不再敲鼓，所有的鼓手一起到砍牛场观看砍牛。

待砍牛完毕，鼓手们又都回到铜鼓场，先是在舅爷的主持下打三轮鼓，之后才打“勤泽格辣”。舅爷先是撑着黑布伞背着长刀，抬酒② 来给鼓手们喝。待鼓手们喝完后一齐发出三声“唔！唔！唔！”，就开

---

① 即铜鼓中心太阳纹，类似猫爪一样突起的纹饰。

② 第一轮及第二轮的酒，要喝舅爷家拿来的，第三轮酒可以喝丧家的。

始打第一轮鼓。第一轮的意思是告诉死者舅爷砍完牛了。鼓手们敲完第一轮后，又停下来喝酒，仍发出“唔！唔！唔！”声。接着打第二轮，这轮表示丧家告诉死者说舅爷已经到铜鼓场上站过了。第三轮的酒可以喝丧家的酒，喝完后大伙仍发出“唔！唔！唔！”三声。这轮鼓的意思是说丧家感谢各位亲戚朋友来帮忙和背铜鼓来热闹。

白裤瑶葬礼中打铜鼓　刘　莉　摄

待三轮鼓打完后，舅爷便回丧家去了，这时原先在旁边观看的群众就可以轮换着打木鼓①和铜鼓，跳“勤泽格辣”舞。鼓声通宵达旦，一批鼓手打累了，另一批又来接替，一直打到出殡之日，将灵柩抬出村寨为止。在跳“勤泽格辣”的时候，铜鼓必须听从木鼓的指挥。木鼓的打法，按死者的归属地和亲戚的来路有瑶里、岜地、怀里、纪后等四种不同打法。木鼓手双手持木槌，双脚齐跳，一边击鼓，一边模仿猴子在地上爬行或在林中攀援采摘，动作有直立、半蹲、屈膝、躬身单腿、双腿跳、屈膝转身躬背跳等，姿势动作滑稽灵活、古朴大方。铜鼓手则眼睛盯着木鼓手的舞蹈动作，耳朵倾听着木鼓声调的变化，使铜鼓的演奏与之配合默契、和谐一致。每敲完一个大节，人们便停下来连喊三声“唔！唔！唔！”，然后喝完一轮酒后又继续敲打。

---

① 木鼓一般用一节长约 1 米、直径约 60 厘米的桑圆木挖空，再蒙以牛皮制成。

黄昏以后，木鼓旁边有数人端着簸箕随着鼓点节奏起舞，鼓手有多少个，簸箕里面就装上多少团糯米饭，每团糯米饭上插有三块牛肝，糯米饭跟牛肝要到凌晨五点以后，鼓手们才能享受。凌晨五点左右是送葬出殡前奏，这时的木鼓一定要由麽公亲自敲打，70～100岁的老人打11回，40～60岁的打7～9回，死者是男的打单数，女的则打双数，即：男的打7、9、11，女的打6、8、10，打完后就不再打铜鼓了，鼓主们会给每面铜鼓挂上红布条，等下葬后再把铜鼓扛回家收藏。

（4）下葬

砍牛的第二天是下葬的日子。白裤瑶至今保留有公共墓地，凡属于同一“油锅”的成员，死后都要安葬在本“油锅”的公共墓地里。到出殡之日，先由丧家的“油锅”兄弟去挖墓穴，然后鸣枪放炮，告示天神、祖宗后，人们就动身抬灵柩上山。届时，麽公会在抬灵柩经过的路口放上一个鸡蛋，让送葬的人群踩烂，认为这样可以为丧家驱除邪气。当棺材抬到墓地后，先由麽公用一只公鸡来滚坑，麽公念道：

此鸡不是非凡鸡，它是王母娘娘送来的，别人拿去无用处，×××（死者名字）用来滚坑的……

白裤瑶的葬礼　刘　莉　摄

念完后，麽公用嘴咬断鸡颈，丢入坑内，如果鸡死后头朝东方则表示吉利，随后麽公在挖好的坑里点燃香纸，意思为暖坑，然后将棺材放下，待舅爷和家里的亲人从棺材上面跨过以后，帮忙的人才可以垒土，再把"追垒"立在墓前。待坟墓垒好将死者生前喜爱之物，如：网袋、鸟笼、猎枪、牛角、烟袋、竹饭盒等，都系在一根木桩或竹子上，埋在坟墓的尾端。

下葬结束后，亲朋好友都回到丧家准备吃"长席宴"。"长席宴"不能摆桌子板凳，也不能用碗筷。丧家将门板一块接一块地铺在地上，众人就蹲在木板旁边，用芭芒秆或蕨菜的秆子折断代替筷子，用芭蕉或洋芋叶当碗把煮好的牛肉和饭团包着吃。酒罐就摆在板子中央，各人根据所需随意用竹筒装来喝。

(5)"送水"

下葬后的第三天，死者的家属和亲戚会用竹筒或者坛罐装水和酒放到死者坟墓后面，叫"送水"。据介绍说，白裤瑶给死去的人"送水"，实际上是一种精神寄托，表一份孝心，希望死者能重返人间与家人团聚。如死者是男的，就放三个竹筒的酒、两筒水，如是女的，就放两筒酒、三筒水。"送水"这一天，不杀什么牲口，就是烧些纸钱。过了这一天，整个葬礼才算结束。

白裤瑶葬礼后的"长席宴"　刘　莉　摄

水族铜鼓民俗

水族现有人口34.7万，主要聚居在贵州省黔南布依族苗族自治州的三都水族自治县和荔波、都匀、独山以及黔东南苗族侗族自治州的凯里、黎平、榕江、从江等县，少数散居于广西壮族自治区的西部。水族的文化艺术丰富多彩，民间乐器主要有铜鼓、大革鼓、芦笙、胡琴、唢呐等，多在节庆与丧葬时使用。这些乐器中，历史最久、最具民族特色的是铜鼓。

水族地区过去曾称为“铜鼓王国”，仅贵州三都水族自治县的民间收藏就有400多面。水族人民对铜鼓怀有深厚的感情，视铜鼓为传世珍宝，家业的精华，幸福和欢乐的象征。在节日、祭典、丧葬和庆典活动中常使用铜鼓，“战阵祭享合乐皆用之”，几乎深入水族人民生活的各方面。

节日中的铜鼓

水族最为隆重的民间节庆当数端节。一般而言，端节要从农历的八月持续到十月，分七批过完，从头至尾长达49天，可以说是世界上历时最长、批次最多的具有民族特色的节日。端节之时，正是秋高气爽，五谷归仓，水族人民难以抑住内心的喜悦之情，日夜狂欢，以示庆贺一年辛劳所得，期盼来年再丰收。

亥日，也就是大年初一早上，各家各户敲击铜鼓笑迎四方宾客。

水族人民击鼓迎客　蒋廷瑜　摄

演奏铜鼓时，用绳索系住铜鼓的一耳或两耳，离地30厘米左右悬吊起来，演奏者二人，一人右手执鼓槌弯腰敲击鼓面中心的太阳纹，左手执竹鞭敲打鼓腰作伴音，另一人双手用木桶，对着鼓腹一前一后地拍动，摇动空气，调节鼓的声音，使音按节奏要求，忽高忽低，时强时弱，起到和谐音律的作用，增加演奏的效果，可谓别有一番味道。当天来的都是客，无论你是家族还是陌生人，都会受到最盛情的款待。家族之间往来每家必到，彼此围坐供桌前，举杯相邀，互贺年节。当夜幕降临，水乡山寨星光点点，传来阵阵欢声笑语。人们将铜鼓悬挂在堂屋中央，敲击为乐，彻夜不息。

喜事使用铜鼓

水族逢接亲、起新房等重大喜事时，有铜鼓的主家也把铜鼓拿出来供客人敲击娱乐，其热闹场面不次于过卯、过端，一般也持续三天左右，待客人散了方将铜鼓收起，以显示主家的富有身份和喜事场面的热闹。

丧葬中的铜鼓

丧葬中使用铜鼓的情形，主要是老人过世时使用。当老人过世时，主家将铜鼓拿出来擦拭干净，然后扶着亡人端坐其上给他更换寿衣。亡人入殓之后，灵柩停于堂中时，又以铜鼓摆在灵柩前，上面放置供品祭奠亡灵。这些表示了主家的富有，同时给亡灵以安慰，让亡人和这珍贵的传家宝告别，并期望其来世也有铜鼓收藏。此外，在举行大型追悼活动时，灵柩停置家中，人们不停歇地轮流敲击铜鼓，借以驱除邪恶，安慰亡灵，并让天上的神仙听到铜鼓声后，前来引渡亡灵升入天堂。有的地区在敲击铜鼓时，人们则围着铜鼓舞蹈，以示为亡灵送行。

随着时代的发展进步，水族地区文明程度不断提高，铜鼓显赫地位日益淡化，渐渐成为人们娱乐的打击乐器，更广泛地为大家所使用。

苗族铜鼓民俗

我国境内的苗族人口约有890余万人，主要分布在贵州全省，湖南省的西部，云南省的东南部、中部和南部，四川省的东南部和东部，广西壮族自治区北部和西部，湖北省的西南部，海南省的中部和南部地区。其中以黔东南苗族侗族自治州为苗族最大的聚居区，湘西土家族苗族自治州也是苗族较大的聚居区，其他都是大分散小聚居，分别与汉族、布依族、壮族、黎族、彝族、回族、瑶族、仡佬族、傣族等居住在一起。

苗族是一个能歌善舞的民族。苗族铜鼓舞多在盛大节日，如“吃牯脏”、“苗年”、“芦笙节”活动中表演。铜鼓架设在场地中心，由一名鼓手敲打，另一人持特制木桶置于铜鼓后面，时近时远相配合，以增强乐音效果。舞者人数不限，经常是越百上千人围成几个大圆圈，合着铜鼓的敲击变化互相呼应，表演以日常劳动生活为内容的舞蹈。苗族铜鼓的敲打方法，一般都有固定的鼓点、读法及呼喊声，群众非常熟悉这些鼓点和读法所包含的内容，鼓声具有“鼓语”的特点。由于苗族的支系不同所击的鼓点节奏音韵也有所不同，所以各地跳铜鼓舞的舞步也各异。

贵州雷山苗族跳铜鼓舞

各地苗族同胞过“吃新节”时也要开展丰富多彩的文化娱乐活动，诸如跳笙、对歌、赛马、斗牛、踩鼓、打秋等。在雷山县郎德寨，每到“吃新节”都会举行盛大的“踩鼓”活动。村民穿着节日盛装，齐集铜鼓坪上，兴高采烈地共跳铜鼓舞。如在郎德寨，每当过“吃新节”时，人们便在用鹅卵石仿铜鼓鼓面纹饰铺墁而成的铜鼓坪中央悬挂一面铜鼓，两人配合敲击，发出水牛叫的响声。众人则身着五彩缤纷的苗装，佩戴琳琅满目的银饰，踏着鼓点的节拍，围着铜鼓转圈跳舞，一跳就是几个时辰。跳到一定时候，一位上有父母下有儿女的“全福人”手捧陶质酒罐，依次向“踩铜鼓”的男女老少敬酒。霎时间，高亢激越的酒歌声与悠扬悦耳的铜鼓声、芦笙声、莽筒声汇成一曲浑厚的交响乐，在苗岭山寨回荡，别有一番情趣。

广西河池中堡苗族的铜鼓则经常在春节、秋后娱乐使用。一般称春节、秋后娱乐为“红喜”。春节使用铜鼓需要在使用前祭鼓，祭鼓时间在除夕晚上。祭鼓后即将铜鼓、木鼓悬挂于家中，通宵达旦地敲打，在铜鼓声中辞旧迎新。整个春节期间，村里男女老幼均可自由敲打，直到正月十五结束。正月十六以后，铜鼓仍然悬挂家中，还可以随时敲打。但因此时农事渐多，铜鼓较少使用，不过若是有客人来，仍然要打铜鼓为乐。到正月三十晚将铜鼓取下收藏，此后直到秋末。其间，除非有丧事，否则不能使用铜鼓。中堡苗族认为“红喜”铜鼓在春节后至秋收结束前不能使用，否则当年收成就不好。秋收结束后，农事转闲。此时村人若有兴趣，可将铜鼓取出敲打。另外，秋季至春节之间，苗族还有两个节日可以使用铜鼓，即农历九月初九及十一月三十（后者为苗族小年）。这一阶段使用铜鼓，不需要祭鼓，取出即可直接敲打。中堡苗族在七月十四（中元节）亦可使用铜鼓，这时打铜鼓要事先祭鼓，祭后可连打数天。但这时农事还多，所以只打几天就收鼓，收鼓时无须祭鼓。

彝族铜鼓民俗

彝族具有悠久历史和古老文化，人口770余万，主要分布在云南、四川、贵州三省和广西壮族自治区的西北部。

彝族世代在云贵高原和康藏高原的东南部边缘地带的高山河谷间生产劳作，繁衍生息。神奇秀美而广袤丰饶的土地养育了一代代的彝族人，也孕育出彝族人悠远的历史和朴素而多彩的民族文化。彝族是制造和使用铜鼓民族中的一员。不仅在彝族聚居的地方发现有铜鼓的考古资料，而且在彝文文献里有制作和使用铜鼓的记载。至今在滇桂交界的彝族地区，还保留着以彝巫“腊摩（毕摩）”为中心的一系列铜鼓习俗。

滇桂交界的彝族，正月初八、初十或十五为开年节，腊摩在主持庄严的祭寨神仪式后，通过占卜选出当年的“摩公”（节日领舞人）和公用的铜鼓。过去每个彝族村寨的各个家族都有1~2对铜鼓（每对一大一小，大的为母鼓，小的为公鼓），当年年节用哪一家的铜鼓是在开年节时由腊摩卜定。现在每个村寨只有2~3对铜鼓，腊摩就占卜当年负责吊挂和保管铜鼓的人家。

农历二月初十为彝族年节。当日，腊摩主持开寨神庙门、祭祖等仪式后，“摩公”率众人围绕金竹丛跳铜鼓舞和芦笙舞。次日，腊摩主持祭铜鼓仪礼。管鼓者挂好铜鼓，摆好祭品，腊摩用一碗酒泼洒铜鼓，手持卜签，念诵铜鼓经。当晚，管鼓者将铜鼓挂于堂壁，腊摩再次用酒泼铜鼓，念敬祖词，随后为铜鼓挂彩。管鼓者的亲朋将黑、白红布和头巾等披挂到铜鼓上，只露出一对吊绳和两条木叉，此间腊摩不断念诵咒词。主家用绳子将布片等吊起，然后请鼓手敲响铜鼓，众人围绕堂屋跳铜鼓舞。

农历四月初一至十二，是滇桂交界彝族的跳弓节。节日前，先要用米酒洗鼓，然后众人将铜鼓抬到跳弓场，挂在木架上，腊摩举槌击鼓，宣布跳弓节开始。跳弓节有祭山神、祭乐神、祭祖先、祭金竹、送邪鬼等活动，每个仪式都伴随有铜鼓舞和腊摩的“铜鼓歌”，直至“萨喃”（腊摩的助手）关上寨神庙门，一年一度的跳弓节才告结束。

每年农历四月或六月初，是滇挂交界彝族的荞菜节。届时，彝族男女老少汇集各村寨的跳弓场，支起铜鼓，以母鼓指挥舞蹈动作，公鼓配音，人们围圈跳铜鼓舞，狂欢三天三夜。据说，荞菜节是为了纪念以铜鼓换得荞种救了彝家人而举行的。

农历五月后，稻秧扎根，各地忌欢节也先后来临。当日，腊摩亲手用竹篾编织猫、狗模型，挂在村头树上，小伙子们到村里进行驱赶野兽的表演，象征除邪驱恶，保护庄稼和人畜。下午，腊摩主持埋铜鼓仪式，把铜鼓埋下地，把五笙等乐器收藏起来。宣告自今日到当年十月初一为禁忌期。埋铜鼓前，腊摩要往鼓体上洒酒，用法剑在铜鼓上方及四周挥动数下，念几段咒词，以驱走附在鼓身上的邪恶。

农历十月初一是滇桂交界地彝族的庆丰节。清晨，腊摩主持启用铜鼓的祭祀仪式。邦郎（后勤总管）们小心翼翼地把铜鼓从地里挖

富林彝族跳弓节打铜鼓（采自《文山铜鼓》）

出，倒扣于地，腊摩摆上祭品，手握卜签，吟唱“铜鼓歌”，然后由管鼓者把铜鼓挂到跳舞场上。下午，腊摩先在“摩公”家主持家祭，念唱“除忌歌”，然后来到跳舞场，腊摩用酒泼洒铜鼓，再用卜签在铜鼓四周挥舞数下，鼓手敲响铜鼓，众人踏着鼓点翩翩起舞。

此外，云南广南县的彝族，每个家族都有一对铜鼓，由专门的世袭管鼓户管理，不允许随意敲击，只能在春节期间及老人过世时击鼓。农历正月初二，各家族成员带着酒、肉等礼品，到本家族管鼓户家里聚餐，举行祭祖活动。先供祖先，然后敲响铜鼓，由“德”（族长）充当领舞人，围圈跳舞。

第七章

铜鼓的音乐和舞蹈

世界上的任何一个民族都有自己钟爱的乐器，在逢年过节、嫁女娶妻、迎接贵宾、喜庆丰收乃至失去亲人、祷告祈福时，人们都会演奏起或慷慨激昂、或兴高采烈、或温柔缠绵、或悲伤失意的音乐。不少民族还会随着音乐起舞，久而久之就形成一个民族独有的特色文化现象。

铜鼓是中国南方少数民族重要的器物，它除了象征权力与财富外，还带来了听觉上的享受，各族儿女随着铜鼓美妙的音乐声创造出了或雄浑有力、或优美动人的舞蹈。即使这些音乐和舞蹈表演往往只能在一些大的喜庆、丧葬和祭祀等场合下见到，尤其在铜鼓使用的前期，取悦神灵的演奏远远比取悦于人要多，但是一般来说，所谓娱神，归根结底是娱人，或者说是人与所谓神在精神上的互动，所以归根结底，铜鼓表演的根本目的还是人。

铜鼓是一种典型的打击乐器，发出的声音很洪亮，主要用来制造热闹的场面，这一点与我们熟悉的革鼓有相似之处。但是铜鼓具有独特的发声、共鸣和传声结构，发出的金属声响与革鼓很不一样。一面铜鼓，敲打鼓面和鼓身，可以发出两个不同的音，加上声音的强弱和节奏的快慢，并与其他乐器配合，就能创造出丰富多彩的乐章。

舞蹈是人类最古老的艺术之一。铜鼓强烈的节奏感和或欢快或悲伤的情绪很容易让人随乐起舞。伴随着铜鼓优美的音乐，从远古的花山崖壁画到今天的南宁国际民歌艺术节，南方少数民族创造了各式各样的铜鼓舞蹈。可以说，铜鼓的音乐和舞蹈是分不开的。所以，我们把铜鼓的音乐和舞蹈结合起来，具体讲述各个少数民族使用铜鼓娱乐

花山壁画：围着铜鼓舞蹈的“蛙人”

的历史与现状，铜鼓绝不仅仅是博物馆的展览和祭坛上的神灵，它更是民族生活的重要载体。

追寻蚂拐的英魂——壮族铜鼓音乐和舞蹈

壮族铜鼓的使用有着悠久的历史。每逢大的节庆或者婚丧喜事，壮族儿女都会敲起铜鼓，有时还伴有各种形式的舞蹈。在壮族的信仰中，蚂拐信仰占有特殊的地位，蚂拐节也是壮族最重要的节日之一。青蛙是铜鼓上最常见的装饰，而蚂拐节上使用铜鼓也是壮族重要的传统习俗。时至今日，我们仍然能看到红水河流域壮族村寨在蚂拐节上热情而有序的铜鼓表演。

对蚂拐的追寻体现了壮族儿女渴望丰收、祈求幸福生活的朴素愿望，也是壮族自然观的原始体现。

（一）壮族铜鼓音乐

一般来说，铜鼓单独演奏的情况并不多，要形成所谓的音乐，必须和其他的乐器相配合，有时候以铜鼓为主，有时候铜鼓只是作为辅助的乐器。各少数民族大多结合自身的情况，把本民族特有的乐器与铜鼓合奏，演绎出不同的音乐氛围。

壮族铜鼓鼓槌　梁富林　摄

壮族铜鼓的音乐形态由单声部、多声部（混声）以及综合性的乐舞等几种形式构成。不同的历史阶段、不同的流传区域，它的音乐形态也有不同的反映①。早期壮族铜鼓的演奏多为单声部的演奏。这种演奏方式相对原始，演奏出来的音乐也很单调。随着青铜冶炼技术的提高，约在西汉时期，壮族人的审美情趣已经不满足于这种单调的音乐。他们动用各种调音手段，在日益改进之后，壮族铜鼓在保留音量宏大的基础上，从无调击向调击音乐进化，逐渐形成二鼓、四鼓或多鼓合奏的多声部铜鼓音乐形态。一些学者认为，铜鼓的多声部是壮族多声部音乐形成的主要影响因素。由于近现代青铜业的发展，再加上壮族长期与汉族杂居，受汉文化的影响很大，壮族原有的风俗习惯乃至语言和思想都逐渐与汉族融合，制造和使用铜鼓的风气也日渐衰落与消失，壮族铜鼓的音乐和舞蹈表演已不及以往。

今天的壮族一般在节日的时候打铜鼓。每年农历的正月初一到十五，广西天峨县的壮族都要举行大型的蚂拐节庆祝活动，在蚂拐节上

① 苏沙宁：《壮族铜鼓及其音乐艺术的历史与现状思考》［J］，天津音乐学院学报，1996 年第 2 期。

两人抬着铜鼓边打边走，边唱蚂拐歌。

三月三是壮族的另一个重要节日。东兰县的壮族三月三打铜鼓的方式是与革鼓合奏。在打铜鼓的场地上搭一个长形木架，上挂两面铜鼓，在距铜鼓约 3 米处放置革鼓，有两个人起舞，一人手持竹筒有节奏地边敲击边舞蹈，另一人手拿斗篷左右摇晃。

巴马壮族铜鼓的悬挂立蹲式击打法　梁富林　摄

广西西林壮族打铜鼓是将一面铜鼓挂在屋梁上打，铜鼓上挂有一只羊角，一人在后面持盆类向铜鼓后腔送气，这就是所谓的助音，与白裤瑶打铜鼓时使用助音桶的方法很相似。

壮族铜鼓舞蹈

壮族铜鼓舞蹈有两种表现形式，一种是自娱性的集体舞蹈，比较原始朴素；一种是表演性的，接近舞台艺术，有一定的表演程式。

壮族人民在击打铜鼓

自娱性的铜鼓舞流行于红水河畔，主要是广西东兰、凤山、巴马一带的壮族村寨。每当新春佳节，人们就将寨里的铜鼓集中到比较空旷的场地上，按铜鼓的大小次序，排列出一定的音阶。由一

悬挂的铜鼓

个老鼓手指挥，鼓手们一人一鼓，按照统一的指挥，敲出各自的鼓点，与其他的铜鼓配合，形成特有的节奏和旋律。跳舞者穿着节日盛装，应声起舞。舞蹈的内容一般是表达四季农事紧张繁忙的情调。跳舞者随着鼓声表演各种优美感人的动作，再现各种农事情景。铜鼓声传数十里，其他村寨的人听到鼓声，也集合男女老少抬着铜鼓来助兴，有的村寨还展开比赛。

去参加表演的壮族妇女

云南马关壮族的铜鼓舞也带有自娱性质。铜鼓被悬挂在舞场的后部，由鼓手一人按节奏所需敲击的鼓面，另一人持木盆在鼓足后面接音。舞者随着鼓点圈地起舞，或男女混合群舞，或男单女单各舞。无论男女，舞者手中均持一色巾，自由甩动，往返穿行。丧事则只舞不歌，节庆则载歌载舞。

马关壮族铜鼓舞的基本步法有一跺一踢的“活跃步”，一脚踏地，一脚跟随，双手叉腰的“踮步”和“走路步”等。手的动作主要有搭肩巾，上甩巾，腹前横摆交叉巾，叉腰等。就整体而言，舞者手部动作比较丰富，故有“手巾舞”之称。这种舞蹈在表演气势上，明显脱胎于壮族古代“三月三”对歌的传统习俗，具有活跃的、谐趣及生活气息浓厚的特点。

表演性的铜鼓舞原是祭神的舞蹈。它的表演对象是神，是跳给神

拜铜鼓舞　梁富林　摄

拜蚂拐舞　梁富林　摄

看的。用各种舞蹈动作满足神的欲望，以祈求神的庇护。

表演性的铜鼓舞，舞队一般由七人以上组成，其中四人敲铜鼓，一人打革鼓，一人舞竹筛或雨帽，一人舞竹筒，其他的人按舞蹈安排的情节，分别携带不同的道具于中途出场。

蚂拐节上的纺纱织布舞　刘　莉　摄

这种铜鼓舞蹈与其说是一种舞蹈形式，不如说是一种舞剧。铜鼓的两面或四面成套，并且有公母之分。敲奏的方法多种多样，鼓声铿锵而有节拍。革鼓一面，摆在铜鼓中间。当铜鼓敲响，并进入节拍之后，革鼓手从人群中跃出，双手执两根鼓槌，围着革鼓敲打。他是这个舞蹈中的中心人物，必须按照铜鼓奏出的节拍，一边打，一边作出各种舞蹈动作。革鼓舞蹈者的要求很高，只有高难度的少数鼓手才能熟练掌握。在革鼓手舞蹈的同时，手拿竹筛或雨帽的舞者同时上场，随着鼓点起舞。他们表演各种生产生活中的动作，随着鼓声的加快，舞蹈场面日趋激烈，到高潮阶段，又有几个盛装的妇女执筛出场，她们的筛子分别贴着稻穗、玉米、猪、牛、鱼等图案，象征五谷丰登，六畜兴旺。这时，铜鼓声音越来越快，舞蹈近乎疯狂，场面使人极度兴奋，进入如醉如痴的境界。

大型的铜鼓表演

总体来说，原生态下的壮族铜鼓舞蹈主要是表达壮族人民朴素的情感，对神灵祖宗的敬畏，对幸福生活的向往。随着社会的发展，壮族的铜鼓音乐和舞蹈日渐走出乡村，走向现代化的城市，走向国家级乃至世界级的大舞台。

从猴到人：再现的传说——瑶族铜鼓音乐和舞蹈

我国瑶族的支系很多，其中不少支系都使用铜鼓，有着自己特有的铜鼓音乐和舞蹈。不同的支系之间，铜鼓音乐和舞蹈的艺术表现形式也是多种多样的。其中，比较有代表性的是广西南丹县境内的白裤瑶、田林县的木柄瑶以及都安和巴马境内的番瑶。

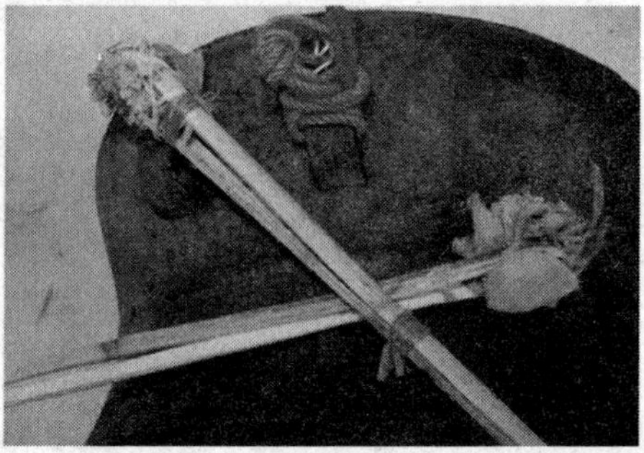

都安番瑶铜鼓鼓槌　梁富林　摄

巴马东山一带的番瑶，凡逢年过节或红白喜事，都少不了铜鼓音乐和舞蹈的表演。有趣的是，番瑶的铜鼓是公母成套的，相互配对，公的声音尖而小，母的则声音粗大，正好与人类相反。一般演奏中还有一面革鼓伴奏，声音豪放而动听①。所以人们常以铜鼓舞表演的好坏来评价一个人的聪明才智，衡量一个人水平和能力的高低。铜鼓舞的表演一般在春节、祝著节、为德高望重的老人送终以及立房盖屋或婚嫁期间。

番瑶铜鼓音乐和舞蹈内容非常丰富，有喜迎来客的，有欢庆丰收的，有悲伤痛苦的，也有善意讽刺的。内容不一样，其舞蹈的跳法和铜鼓敲打的节奏也不一样。欢迎远道而来的客人和庆丰收，其节奏必须是轻松、愉快、热烈，突出对客人的热烈欢迎，对丰收的喜悦；婚庆礼仪上的表演，其节奏比较缓慢，因为当地瑶族青年表达爱的方式很含蓄的，从谈恋爱到结婚要经过一段很长的时间，把爱交给时间来考验，绝不凭感觉来对待爱情，所以婚恋的铜鼓舞除了烘托欢快外，

---

① 《都安瑶族自治县概况》，广西民族出版社，1983。

都安县隆福乡番瑶在祝著节中跳铜鼓舞
梁富林　摄

更注重突出持久、忍耐力，敲打的时间要长；而对于驱鬼辟邪，其节奏要求快，而且敲打的力度要大，以达到震慑和驱逐的目的；志哀的铜鼓音乐，其节奏比较持中，不能时快时慢，保持前后的基本一致，突出严肃、庄重；嘲笑的铜鼓舞蹈，其节奏比较快，动作比较夸张、随意。

去参加表演的白裤瑶同胞

祝著节又称为“达努节”，是番瑶最隆重的传统节日。节日那一天，人们抬锣抬鼓到歌山来，在一块较平的地方架起铜鼓和革鼓，由5人出场表演。打铜鼓、铜锣、革鼓的4人边打边舞，拿竹帽者穿插在4个鼓手之间，扇风欢舞。

在当地所有的铜鼓舞表演中，最精彩的还要看滑稽可笑的铜鼓舞，当地人称之为“猴鼓舞”。这种舞的难度和技术要求相当高，它的表演一般是针对那些不遵守伦理道德的人进行的。它要求鼓手的动作必须大胆夸张、快速灵敏、滑稽可笑，鼓手手中的两根小木棒，除了击鼓外，还可以偷偷点击参加表演或观看的任何女子的任何部位，但必须是轻击，点到即可，而且必须在一片混乱的表演中对方来不及防守时完成点击动作，点击后伴随着的是观众的一片片欢声笑语，一阵阵如雷般的掌声。被点击的女子必须暂时委屈自己，面带微笑与别人共同完成这一嘲笑的任务，不能发脾气，不能骂人更不能当场逃跑，否则别人会认为你有不光彩的事。一般来说，滑稽可笑的动作越多，点击的次数越多、部位越难，整个场面就越喧闹、活跃、热烈，越能证明鼓手的水平和实力。因为布努瑶的铜鼓舞表演多数是在一些大的场合进行的，参与的人比较多，各地的高手云集，要想在众人面前展示自己的水平和实力，必须选择高难度的铜鼓舞来完成，而一旦有不遵守伦理道德的人参加或者观看表演时，表演者常以“猴舞”来比高低，同时又达到嘲笑取乐的效果。在这种场合，那些有违背伦理道德的人都不敢登场亮相。所以“猴舞”除了起到健身、取乐作用的同时，在一定程度上也起到了规范人们行为的作用。

白裤瑶打铜鼓　刘　莉　摄

在瑶族众多支系的铜鼓表演中，南丹白裤瑶的表演具有一定的代表意义。其中，“勤泽格辣”的表演最为扣人心弦。“勤泽格辣”是白裤瑶语言中对一种特殊舞蹈的称呼，只有在秋收之后为死去的老人办丧事时才跳。一般是在砍牛结束后，穿着节日盛装的瑶民和鼓手一起来到鼓场跳铜鼓舞。届时，铜鼓先敲响，待所有铜鼓声整齐后，革鼓手双手各持1根长约20厘米的鼓棍入场。用4种不同的鼓点节奏敲击，指挥所有铜鼓。革鼓手是舞中的主角，也是整个表演场地的总指挥。先敲一轮正式鼓，革鼓手身后站有三位老者，每人手持两米左右的木棍，其中一位还握一把黑布伞。他们随鼓点节奏左右摇摆，有时上下屈膝起伏，有时用棍敲地。舞者模仿老猴子的各种动作，古朴而

木鼓与铜鼓 刘 莉 摄

有力①。

据白裤瑶的传说，瑶族的铜鼓是从猴子那里得来的，音乐和舞蹈也是向猴子学习的。这一表演似乎吐露了瑶族对于祖先文化来源的思考。

白裤瑶在打铜鼓时多使用助音桶。助音桶是用薄木板制成的，使用时由一人捧着，正对铜鼓的底部，配合敲打鼓点来回摆动，以增加音量，并控制余音长短。由于助音桶对着铜鼓中空的底部来回抽动或左右摆动，使铜鼓内的空气时紧时松，能发出“嗡嗡隆隆”多变的声音。这种方式被其他很多使用铜鼓的民族采用。

十二则和刷把舞——布依族铜鼓音乐和舞蹈

铜鼓“十二则”是布依族独有的、以节奏见长的、具有较完整的十二段鼓乐，是布依族民间艺术中最具神秘性和传奇色彩的传统音乐文化之一，具有久远而厚重的文化底蕴。铜鼓“十二则”作为布依族独有的音乐文化遗产，千百年来，伴随着这个民族走过漫漫的历史长河，记载着民族生存的曲折磨难、奋进昂扬，是民族音乐的“活化石”。

布依族普遍使用“麻江型”铜鼓，几乎所有的布依族村寨都有一面铜鼓。布依族珍爱铜鼓，关于铜鼓有许多神奇美丽的传说。由寨老和族长保存的铜鼓只在隆重节庆、丧葬、祭祀时才使用。目前，布依族村寨仍保留使用铜鼓这一传统习俗，铜鼓对他们来说，不仅作为器乐保存，而且蕴涵着深厚的民族文化、民族荣誉和尊严。从铜鼓声中，人们可感受到民族的历史和人间的悲欢离合，只有当铜鼓发出声响时，

① 南丹县白裤瑶丧葬仪式音乐考察报告，广西艺术学院学报《艺术探索》，2006年第6期。

铜鼓才能获得灵魂的永恒和生命的长驻。

布依族打铜鼓

布依族地区流传的铜鼓“十二则”，在总体结构与基本节奏上大体是一致的。其突出的特点，一是各家族在传承过程中，所使用的汉字记谱字音差别较大，这是各家族击鼓习惯以及受不同区域的布依土语语言影响的结果；二是各家族传承的鼓谱结构规模（长短）上有所区别；三是一些家族传承的“十二则”，有“开场曲”（或称为“起鼓调”）结尾还有“终鼓调”，部分家族有专门的《红事》“十二则”和《白事》“十二则”，所以民间也有称铜鼓“十四则”或“二十四则”之说。

关于铜鼓“十二则”大体有以下说法：第一，是古代报警、打仗进攻的信号；第二，是农业生产在十二个月中有关农事的表现；第三，

布依族铜鼓舞　韦丹芳　摄

全曲共十二段，以月份命名，内容为祭祀祖先；第四，仿一年十二个月时令而作，每月一曲，婚期、喜庆、丧葬、扫寨时敲击。据《续资治通鉴长编》记载："家中铜鼓，子孙秘传，仲家……富者争购，即百牛而不惜。"据当地老人介绍，学习演奏"十二则"是老人一边念口诀，一边教演奏，以口传手授的方式延续下来。至于铜鼓"十二则"的历史，已无法考证了。

布依族村寨至今仍然保留了节日、丧葬使用铜鼓这一传统习俗。过去，布依族村寨的铜鼓是不能随意敲击的。一般情况下，只要铜鼓一响，人们就会产生一种惊奇的心态，不知发生了什么大事。所以，必须在节庆或丧葬、祭祀时才能敲击，而且在击鼓时有较严格的规定和道场仪式及规范的铜鼓"十二则"。而今天，随着农村经济的不断发展，农民生活逐渐富裕，农闲之余，有贵客来访或节庆日也可以敲击。

在贵州省贞丰县龙场镇对门山村，上千年来，每逢寨子里的喜庆节日、婚丧嫁娶等，铜鼓都会一次又一次奏起，远至 5 公里外的地方都能听到它清脆的鼓声。这个布依族占 60% 的寨子里，有两面灵山型铜鼓，是村民的宝贝，分别由两个姓氏家族代代相传。前面说过，布依族使用的铜鼓大多是麻江型铜鼓，这两面铜鼓在整个布依族的村落中是绝无仅有的。其中余家保存的铜鼓稍大，通高 35. 5 厘米，面径 55 厘米，重 23 公斤，鼓面上的花纹已经模糊。

每当铜鼓奏起时，男的一排，女的一排，歌词则随心而唱，打击者根据不同的情况奏出不同的调子，用节奏来表现喜怒哀乐。节日使用铜鼓主要在农历正月和七月间，将铜鼓悬挂在大树下或堂屋中央，多数情况由寨长、族长等击鼓为乐。一方面是表达节日中欢快愉悦或喜庆丰收的热烈气氛；另一方面是教习本寨及家族年轻人演奏"十二则"。亲友得知老人亡故的噩耗前来吊丧时，也必须敲击铜鼓"十二则"，表达悲伤之情。

如今，只要铜鼓一奏起，不仅是布依族，远近的各族乡亲都会前来凑热闹。村里的老人讲："铜鼓'十二则'是家族中老一辈秘传下来的，学习演奏'十二则'时老人一边念口诀，一边教演奏，以口传手授的方式延续下来。"而且，铜鼓及"十二则"还有"传男不传女，传内不传外"的规矩，至今仍然保留这一传统习俗。

余雁伟就是 40 多岁的时候，在老父亲的要求下学会铜鼓"十二则”的。他说：“现在年轻人都出外打工了，不过等他们回来时还得学，这是祖上传下来的传统。其实打击铜鼓并不难，只要两只手能配合，只要识文化，都能学会。”

铜鼓“十二则”的调子千年不变，依然保存着古老的传统。这里的布依人依然保持着千年的“老规矩”，其古老的魅力依然为这里的人们所津津乐道。

布依族铜鼓舞蹈主要是“刷把舞”，这种舞蹈由铜鼓伴奏，流行于贵州荔波、独山、平塘等县。过去，刷把舞只在丧葬场合举行，是为死者吊丧而举行的一种仪式。后来逐步发展到喜庆活动中也跳刷把舞，使活动更加热闹、有趣，倍增喜庆气氛。

布依族铜鼓

布依族铜鼓舞

布依族的刷把舞有两种：一种是二人相对而坐，各持一双长约30厘米的竹刷把依次坐在大木槽的两端，成二列队形。由一个指挥者敲击大木槽发出“咚的咚的咚”的节拍声，相互挥动刷把起舞。随着节拍先慢后快，又由快到特快，跳舞者的刷把相互敲击的动作，密切相合，增加了热闹的气氛。

随着时代的发展，布依族的舞蹈艺术也在变化发展。另一种刷把舞是跳舞者手持约 2 米高的竹竿，参舞者分男女各一组，人数以 12 人、16 人、20 人不等。听着指挥者的击鼓声，男、女两组各从娱乐场所的两边进场。跳舞者手持竹竿，接着“咚哒咚哒咚哒”节拍，相互碰击，一下一上，边跳边进场。先是一前一后站成两排，男女相对站在原地，挥动竹竿和着指挥鼓点的节奏声，先是慢打，然后逐步加快。结束一轮，再改变队形，有时斜站两排，有时再成内外两圈，或为女在外、男在内，抑或男在外、女在内。听随指挥鼓点，竹竿碰击发出有节奏的“咚嚓咚嚓”声音，在指挥者的指挥下，男女两组交换着位置，刷把舞的动作由慢而快再特快，周而复始，一般跳个两三轮就结束。在跳刷把舞的表演者跳到高潮时，齐声吼出“咳咳！咳咳！咳咳！”，围观者看到这热烈、狂欢的场面，亦倍加振奋。

由铜鼓伴奏的布依族刷把舞

美丽的“妻丽”——彝族铜鼓的音乐和舞蹈

彝族称铜鼓舞为“妻丽”。是云南东部彝族人民喜爱的古老的传统民间舞蹈。流传在文山壮族苗族自治州的富宁、广南、麻栗坡、西畴等县。跳“妻丽”时，必须击铜鼓伴奏。每年“打公节”，即农历六月十五这一天，彝族人民百十人为一群，跳“妻丽”，击铜鼓为乐，连跳三天三夜尽兴而散。

彝族铜鼓舞是集体舞蹈，不到十人以上一般是跳不来的。但是舞蹈动作比较简单，优美的音乐又让人产生踏乐起舞的情绪，因而只要听到铜鼓声，人们就会从四面八方汇集起来，手拉手围成圆圈，踏着鼓声节奏沿逆时针方向起舞，跳完一组舞蹈动作再跳另一组，内容都

富林彝族四人铜鼓舞（采自吴钊《追寻逝去的音乐踪迹》）

是彝族农耕生产生活的反映。麻栗坡、富宁等几个村寨中的铜鼓舞，主要用于祈雨、求丰收和老人丧葬等民俗活动。铜鼓舞动作古朴，舞蹈语汇非常丰富。

彝族铜鼓舞的风格和律动别具一格。它以胸、腰及胯部的大幅度扭摆为基调，舞风清新、淳朴。步伐不复杂，基本是一步一并脚，向前进或横走，膝部随扭摆而屈伸。有时拉手，有时左、右手交替上下甩动。男子左手抱铜鼓，右手敲击，脚步男女相同。舞蹈时歌唱，跳到高潮时呼叫，情绪激越。

伴奏用的铜鼓大小各一，成为一套，大鼓为“雌”，小鼓为“雄”。击鼓者右手执软木棒，交替敲击两只相对的鼓面，左手执竹棍，敲击小鼓梆，击鼓者不参加舞蹈。彝族的铜鼓演奏是一种专门技巧，一人用公、母两面铜鼓可演奏十二种音调组合，简称十二调。据称公鼓代表太阳，母鼓代表月亮，十二调代表一年十二个月，因此彝族的铜鼓舞还包含着本地民族的历法文化内容，积淀着彝族先民自然崇拜、祖先崇拜，维系民族生存发展等多方面的历史文化内涵，具有鲜明的民族、地域特色和重要的历史、文化、艺术价值。

其他民族的铜鼓音乐和舞蹈

水族铜鼓音乐和舞蹈通常在两种场合较为常见，一种是传统节日茆节和端节的时候，有铜鼓的村寨都会敲打铜鼓，许多地区还用大革鼓助兴；另一种是在丧葬活动上，有人敲打铜鼓并伴有舞蹈。

水族铜鼓舞蹈一般有两种，一种是单人舞，也就是敲铜鼓的人自己独舞；另一种是在铜鼓伴奏的同时，由敲打革鼓的人舞蹈。整体来说，水族铜鼓舞蹈动作幅度大，粗犷而有力，表现了水族人民热情而豪迈的性格。

水族在打铜鼓

在丧葬仪式上，为了超度亡灵，也要不断地敲铜鼓，这时，大家围着铜鼓集体舞蹈，动作整齐而缓慢，充斥着悲伤的情绪。

苗族铜鼓与芦笙　齐　林　摄

芦笙是苗族特有的乐器，苗族铜鼓表演的特色就是将铜鼓艺术与芦笙艺术相融合，形成独具特色的铜鼓音乐和舞蹈。

苗族铜鼓舞多在盛大节日，如“吃牯脏”、“苗年”、“芦笙节”活动中表演。铜鼓架设在场地中心，由一名鼓手敲打，另一人持特制木桶置于铜鼓后面相配合，时近时远，以增强乐音效果。舞者人数不限，经常是越百上千，围成几个大圆圈，合着铜鼓的敲击变化互相呼应，表演以日常劳动生活为内容的舞蹈。苗族铜鼓的敲打方法，一般都有固定的鼓点、读法及呼喊声，由于群众非常熟悉这些鼓点和读法所包含的内容，所以鼓声具有“鼓语”的特点。鼓手执双槌棒击鼓鼓点有专门的读法：“咚”表示右手击鼓心，“嘎”表示左手击鼓边，“的”表示双槌相击。例如“翻高豆”，意为“赶斑鸠”，舞蹈表现农民听说飞来的斑鸠，正在刨出黄豆种啄食，于是骑着马来到田里驱赶斑鸠。舞蹈动作有：在地边赶斑鸠、作抬腿赶、骑着马赶、拍掌转身下蹲甩腰赶斑鸠4个动作。又如“平冷潘拉冬高冬”，苗语意为“迎客舞”，表现主人以舞蹈欢迎客人的到来。据说此鼓点是受山林中啄木鸟“笃笃”啄木声的启发而编成的。客人到来时，主人和迎客者在路边两旁，拍手欢舞，迎客人进寨。其他还有表现“获猎归来”、“儿童放鸭”、“捞虾”、“捉蟹”，以及“吃牯脏”中表演的祭祀性“刀舞”等，都有不同的鼓点读法和苗语鼓词。

在艺术发展的初级阶段，音乐和舞蹈是密不可分的。南方少数民族大多在很早的时期就开始使用铜鼓，无论是欢快还是悲伤，无论是喜庆还是发丧，铜鼓厚重而洪亮的声音总是诉说着各族儿女的心声。

和壮族一样，今天，大多数少数民族的铜鼓表演已经走出了村庄，搬上了外面的舞台，向全国乃至全世界的朋友展示本民族独特的文化。

第八章

铜鼓文化的传承与保护

铜鼓的传播与铜鼓文化圈

刚从铜釜分离出来的最古老的万家坝铜鼓出土之后，我们找到了铜鼓的源头，铜鼓学家和考古工作者经过40多年的研究，终于弄清了铜鼓的传播与发展的路线。万家坝铜鼓诞生后，就逐渐向各地传播，向西越过澜沧江和怒江，抵达腾冲。往东经过禄丰，到达滇池平原，为滇濮民族所接受且得到了更大的发展，创造出灿烂的铜鼓文化，即石寨山铜鼓。往东南，铜鼓随着礼社江—元江河流，来到了红河三角洲。当时生活在红河三角洲的是百越族群中的骆越人。他们有发达的农业和青铜冶铸业，于是铜鼓铸造工艺在这个地区获得了充分的发展，创造了与石寨山铜鼓同中有异的东山铜鼓。东山铜鼓与石寨山铜鼓并驾齐驱，把铜鼓艺术推向新高峰。

从滇池再往东，经驮娘江、右江传到广西，直到广东，发展成形体巨大、鼓面铸有青蛙立体雕塑的北流型、灵山型和冷水冲型铜鼓。

学者们在考察了各地区、各时期的铜鼓后发现，铜鼓在流变的过程中，也有倒传的现象。

越南北部有条奇穷河，蜿蜒流过中越边境，在平而关进入中国广西境内，顺流而下，纳入左江，到南宁与西来的右江相汇而为邕江，东山铜鼓正是通过左江传到广西，从而对北流型、灵山型和冷水冲型铜鼓产生影响。

东山鼓在越南北部形成高潮后，很快遍及红河平原及其周围丘陵

印尼塞拉亚鼓

老挝乌汶鼓

地带。由此而西，散布到老挝沙湾拿吉、柬埔寨马德望，再往西是泰国的乌汶、洛坤、程逸、清迈，南达万伦等府，再往南到马来西亚的瓜拉丁加奴、雪兰莪，东南达印度尼西亚的爪哇展玉、三宝垄、古突土和松巴哇等岛屿。而此时云南的铜鼓则流入缅甸掸邦地区，在这里又形成了一个晚期铜鼓的制造中心。而铜鼓流传得越广，其装饰纹样也就越来越丰富，富有各地文化特色，比如出现了大象、孔雀、椰子树等纹饰，比如印度尼西亚爪哇的“莫科鼓”，就比东南亚早期的铜鼓印尼塞拉亚鼓、老挝乌汶鼓来得瘦长，上面还有突眼隆鼻的人面纹。1924 年，修筑巴色至乌汶公路时在泰国乌汶发现一面铜鼓，鼓面主晕有 30 只翔鹭在旋转飞翔，鼓胸上绘有羽人划船纹，鼓腰上半部是鹿纹，下半部是羽人舞蹈纹。从造型、纹饰上看，与中国广西西林鼓相似，也与云南广南鼓比较接近。

从炊具铜釜演变而来的铜鼓自中国云南的中西部，随着包括古代越人在内的民族从中国大陆南部的迁移而流播，它们顺着大江大河向东、向南，从滇池地区到红河平原，再到更广阔的南中国和东南亚地域，形成各地不同风格的独特造型和纹饰，共同构成了一个庞大的铜鼓文化圈。

这个铜鼓文化圈，恰好和“那”文化圈基本叠合。“那”字是壮侗语族水田的意思，“那”文化也就是稻作文化。民族语言学家作了大量的调查发现，广西、贵州、云南东部、广东西南部以及整个东南半岛（包括越南、老挝、泰国、柬埔寨、缅甸乃至与其相邻的印度接壤地区）都把水田称之为“那”。铜鼓上的大量纹饰就是农耕社会的生活写照和文化追求。

然而，随着时代的发展，活跃在铜鼓文化圈的铜鼓越来越少了，在中国南方和东南亚的大部分地区铜鼓已相继退出了历史舞台，只有很小部分地区和民族还保存着使用铜鼓的习俗，成为铜鼓文化的“活化石”。就目前所知，连片保留铜鼓文化的地区只有两大块：一块是中国南部广西西北部和贵州东南部接壤地区，这个地区往南延伸到云南的文山、红河一带，并伸入到越南西北部山区；另一块是中南半岛西北部，以缅甸东部掸邦高原与老挝、泰国交界的山区为中心，往北伸入中国云南南部边境地区。

铜鼓文化的传承

铜鼓文化的现状

铜鼓文化虽然历史悠久，但由于始终处于偏远少数民族文化的地位，因而长期以来，对于铜鼓文化，中原南下的流官和文人要么将其与中原文化相附会，要么干脆视之为落后、愚昧的代表。特别是到了 20 世纪中叶，中国以阶级斗争为纲的极“左”思潮，把铜鼓与其相伴的民族文化视为封建迷信的象征大张挞伐，铜鼓文化遭到了空前未有的劫难。随着现代科技和现代文明的勃兴，铜鼓文化更是缺乏传人。于是，铜鼓文化也成为濒危传统文化。

20 世纪 50 年代的破除迷信和 60 年代的“文化大革命”，一次又一次给铜鼓文化以毁灭性的打击，一方面，作为铜鼓文化物质载体的铜鼓，被当做承载封建迷信思想的物品而被收集集中予以销毁，另一方面，使用、传承铜鼓文化的民间艺人也成为各地的教育、批斗对象。当 80 年代重新估价这一历史文化时，无论是铜鼓本身的数量还是铜鼓文化的规模，都已经极度萎缩。铜鼓使用地区已从桂北、桂中、桂南退缩到桂西、桂西北的狭小范围，曾经繁盛的铜鼓文化，只在年长者的头脑中留下依稀的记忆。铜鼓文化的传承出现了前所未有的危机。

铜鼓文化除了遭到极“左”思潮的冲击外，经济全球化和信息化的浪潮，也使得人们的传统观念发生了变化：科学文化知识的提高，

破损的铜鼓 梁富林 摄

云南民族博物馆广南鼓雕塑

人们不再敬畏、崇拜铜鼓，只把它作为一种娱乐工具；现在的娱乐除了蚂拐节、唱山歌、跳铜鼓舞以外，还有更为吸引年轻人的电影、电视、卡拉 OK 等丰富多彩的文化生活，铜鼓文化的影响逐渐减弱。这种传统观念的改变，给铜鼓文化的传承带来了空前的危机。一方面，铜鼓在长期使用过程中不断地自然损坏，加之由于铸造工艺失传，没有新的铜鼓补充，若干年之后，将再也没有可供敲击的铜鼓；另一方面，随着铜鼓艺人的年龄老化而后继乏人，铜鼓的演奏、歌舞以及相关仪式的传承也面临着严峻的危机。因此，如果不采取相应的保护措施，历史悠久、内涵丰富的原生态铜鼓文化将会逐渐消亡。

南宁青秀山铜鼓歌台　蒋廷瑜　摄

民间艺人的传承

在“以阶级斗争为纲”的年代，仍然有视民族文化为生命的民间艺人冒着生命危险保护铜鼓和铜鼓文化。他们的无私奉献和执著追求在铜鼓文化的传承中，起到了十分重要的作用。被称为“铜鼓王”的广西东兰县退休老人韦万义就是其中一员。

韦万义家中收藏有30多面铜鼓，他试图用家族延续、心口相传的方式为延续这一独特的传统文化尽自己的一份力。韦万义出生在东兰县兰阳乡周罗村周罗屯，受着家乡浓厚传统铜鼓文化氛围的熏陶，从小就是个铜鼓迷，喜欢听铜鼓敲击声，自己也常敲得废寝忘食。他家祖传有四面铜鼓，他对它们非常珍爱。在1958年东兰县的那场铜鼓“大扫荡”中，这四面铜鼓同样面临灭顶之灾。韦万义冒着挨批斗、受棍棒的危险，毅然把一面铜鼓藏在一个大蜂箱里，剩下三面实在藏不住了，他就把它们埋到牛栏的粪堆里去。几面铜鼓终于逃过了劫难，避免了变成一堆碎片的厄运。韦万义参加工作后，曾担任东兰县壮文学校的校长、民族中学老师等职，对铜鼓的感情更是有增无减，后来又被调到东兰县氮肥厂工作了八年。氮肥厂有一道精炼工段需要用到铜，而当时由于计划经济，物资紧张，往往买不到铜，“聪明”的人们打起了铜鼓的主意，东兰不是有很多铜鼓么？韦万义看到人们拉来满满两大车的铜鼓，数不清是多少面，在地上一面面砸碎。他就像一个爱牛如命的老人看着自己的老牛被宰杀那样，看着铜鼓被“大屠杀”干着急，为此他心痛得发疯。这段痛苦的经历，更坚定了韦万义要以一生的时间来护救铜鼓的决心。从此，无论他走到哪里，都注意铜鼓，并决心买铜鼓收藏。有时候他会去废品收购站逛逛，想从那里把人们丢弃了的宝贝抱回家。一有发现，他便从微薄的工资里挤出点钱来，不够，回家和妻子商量，卖牛卖猪。妻子急得暴跳起来。但他说：“田也要犁，小孩也要读书，衣服也要买，今年把牛卖了，先借别人的牛用一两年，过一两年我们还会有牛的，猪也还可以再养，但铜鼓不能再养啊！如果不买下来，肯定会被打烂了，再怎么‘养’也‘养’不活了啊！”妻子终于被他说软了。有时候卖主只想以铜换铜，一斤对一斤。韦万义就把家里的铜盆铜锅铜壶等凡是带“铜”字的，一股脑儿搬去给人家，终于才把铜鼓换回来。他异常俭朴窄小的家中，在不足十平方米的小客厅里，铁架上、茶几上、地上到处都堆放着铜鼓：共有 18 面大铜鼓，两面十来斤的小铜鼓，墙上还挂着他自己写的铜鼓简介和拍摄的照片。

随着年事的增高，“铜鼓王”韦万义日益为铜鼓艺术后继乏人而担忧。铜鼓收藏得越多，就越感觉保护壮族传统文化的重要，像他一样痴迷于“铜鼓文化”研究的人东兰县还有三两个，但基本都是已经退休的老人。为了能让铜鼓艺术后继有人，韦万义开始潜心培养儿媳妇韦妮，这是因为铜鼓艺术需要心口相传。让韦万义欣慰的是，韦妮对铜鼓艺术逐渐怀有浓厚的兴趣，目前已经能够演奏一些简单乐曲了。演奏铜鼓正日渐成为韦妮生活中的一部分。

韦万义和他收藏的部分铜鼓

一般来说，铜鼓演奏技艺并无专职师傅传授，孩子们主要靠平常耳濡目染，以及在村里使用铜鼓时大人们打铜鼓的间隙进行练习。天长日久，逐渐掌握一些基本的打法，之后，逐渐参与成年人打铜鼓活动，在与成年人一道打铜鼓活动中学会敲打铜鼓的各种鼓点及鼓点之间的衔接方法，并最终成为一名熟练的鼓手。但有些技艺是必须由成年人传授的，如瑶族革鼓手。革鼓手在打铜鼓、跳铜鼓舞时，是指挥者的角色，鼓点、节奏及动作的变化有一套程序，必须经老鼓手传授方能掌握。

壮族儿童在仪式间隙学习打铜鼓　梁富林　摄

面对着现代化的冲击，越来越多的铜鼓和铜鼓文化面临失传，一些民间艺人也

东兰县长江乡兰阳村周乐屯儿童在学打铜鼓
梁富林　摄

着手用自己的力量传承和保护铜鼓和铜鼓文化。南丹县中堡苗族打铜鼓的技艺是采取师傅带徒弟的办法，徒弟看着师傅打铜鼓，自己在旁边拍打膝盖压节拍；到一定时候试打铜鼓，师傅在旁边指点，纠正徒

弟不规范的动作；再到后来跟着师傅出去作法事，间隔着打一阵。这样不断积累经验，最后出师。

我也要打铜鼓　韦丹芳　摄

除传承打铜鼓技术外，一些民间艺术也开始研究如何恢复老祖宗铸造铜鼓的手艺，环江上朝镇农民韦启初兄弟就成功地制造出铜鼓。铜鼓铸造技术在我国已经中断100余年，由于其技术在当时是高度保密，只“传于子而不传于女”，因而自失传后，就再也无人知晓。环江毛南族自治县上朝镇平治村板才屯农民韦启初，采用沙模铸造方法，攻克了上述难关，于2003年成功铸造出外观与麻江型铜鼓完全相同的铜鼓。2004年，河池市文物管理站开始与韦启初合作，共同铸造麻江型铜鼓，文物管理站负责新铸铜鼓的造型、尺寸、纹饰布局、合金

环江韦氏兄弟新铸“广西文化周”大铜鼓
梁富林　摄

配比及音高的确定。在一年多时间里，铸造出 100 多面麻江型铜鼓。这些铜鼓经南丹、东兰等地群众一年多的使用，证实从造型、纹饰到音响，完全符合要求。2006 年广西文化周进北京，中共广西壮族自治区委员会、广西壮族自治区人民政府向中共北京市委员会、北京市人民政府赠送一面大铜鼓。由广西壮族自治区博物馆和河池市文物站合作设计，5 月把设计图纸送到韦氏手中，6 月初就成功地铸造出了面径 110 厘米的大铜鼓。

铜鼓文化的保护

文物部门的普查与博物馆对铜鼓的保护

1. 文物部门对铜鼓的普查

改革开放以来，文物部门对铜鼓进行了多次普查，已基本摸清出土铜鼓和世传铜鼓的分布情况。广西河池市文物站站长梁富林做得尤为出色。他几十年如一日，在红水河流域铜鼓最集中的——东兰、南丹等 12 县市走村串寨，一家一户地寻访，对 1500 多面铜鼓一个不漏地拍照片、量尺寸、做登记、制拓片，把河池市的全部铜鼓都做了档案。2007 年，他联合广西博物馆和广西民族大学的专家撰写了一本数十万字图文并茂的《河池铜鼓》一书，为河池市的铜鼓文化保护作了极有意义的基础性工作。

20 世纪 90 年代，文化部对全国的文物进行了再次普查，南方各省市区文物部门趁此机会对各地馆藏铜鼓进行了再登记和评级工作。如广西贵港市罗泊湾出土的一面石寨山型铜鼓就是在普查过程中认定为国宝，北流市出土的“铜鼓王”被认定为国家一级文物。

在对铜鼓普查的同时，文物部门对铜鼓的历史以及铜鼓文化的相关资料也进行了调查、搜集、挖掘、整理，建立起反映铜鼓文化基本面貌的数据库和工作网站。在此基础上推动政府文化管理部门制定较为完备的、具体的保护方案，促进铜鼓文化的有效传承和持续繁荣。

2. 充分发挥博物馆的效用

博物馆在铜鼓文化的保护中有着特殊的作用。

第一，是考古发掘。比如云南楚雄万家坝、祥云大波那以及晋宁石寨山滇王墓群等关于铜鼓的重要考古发掘，无一不是博物馆的考古

给铜鼓鼓面做拓片　蒋廷瑜　摄

人员担当重任。

第二，是整理研究。博物馆在考古发掘之后，做了大量整理研究工作。他们从器物类型学出发，对铜鼓分类做了细致的工作，并为全国学者研究铜鼓提供了第一手翔实的资料。

第三，是收藏陈列。据不完全统计，中国各地博物馆共收藏有1500面左右的铜鼓。收藏铜鼓最多的广西壮族自治区博物馆，现藏铜鼓345面，是全国乃至全世界收藏铜鼓最多的博物馆。广西壮族自治区博物馆的铜鼓专题展览也搞得最早。1963年该馆成立“铜鼓研究小组”，举办了首次铜鼓展览。1963年3月19日，郭沫若先生来广西参观博物馆时见有大量铜鼓陈列，激动不已填《满江红》词一首：

广西博物馆大铜鼓展台

广西博物馆铜鼓陈列室一角

铜鼓云屯，欣赏了壮家文化。中心处，一轮皎日，光芒四射。肖象周天辰十二，云波层迭纹多寡。边缘上，成对伏青蛙，服牛马。径寻丈，壮而大；径咫尺，精而雅；也并非一律千篇如卦。东汉马援曾此见，道光年号界其下。细思量，当是盖窖藏，鼓非也。

1978年，广西壮族自治区博物馆陈列大楼落成，《广西古代铜鼓展览》便作为基本陈列对外开放，展览面积600平方米，展出不同时代、不同类型的铜鼓50多面，同时展出的还有铜鼓纹饰拓片、照片和与铜鼓同时出土的其他历史文物资料。这是我国首次举办的铜鼓专题展览。1990年，北京亚运会期间，《广西民族文化展》在北京民族文化宫举行，广西博物馆藏的铜鼓王和南丹白裤瑶族现场表演敲奏铜鼓成为展会的亮点。1991年，《广西古代铜鼓展览》修改补充为《古代铜鼓陈列》，展出8个类型古代铜鼓和伴出器物，配上模型、场景和照片、拓片以及录像资料，使展览内容丰富、形式生动。1994年，全国社会发展成就展在北京展览馆隆重举办，铜鼓是广西馆展品的主题之一，其中作为民族文化创新项目的定音铜鼓演奏深受观众欢迎。广西博物馆铜鼓陈列在1998年广西壮族自治区成立40周年大庆时又作重大修改，展出面积增加到900多平方米，内容和形式都有所创新，成为该馆的固定陈列。2001年8月，由广西、云南、贵州三省区文化厅和博物馆联合举办《声震神州——桂、滇、黔铜鼓大观》展览，在中国历史博物馆隆重展出。展览分古代铜鼓的发现、古代铜鼓艺术、铜鼓的功能、绚丽的铜鼓文化四部分，介绍了壮族蚂拐节（青蛙节）、布依族铜鼓舞、苗族“踩铜鼓”、瑶族祝著节使用铜鼓的盛况。2002年10月，由广西博物馆和陕西历史博物馆联合举办的《揭开神秘的面纱——广西民族文化展》在陕西历史博物馆隆重展出，展览分为瓯骆文明、多彩民族、神秘铜鼓三个部分，铜鼓部分展示了包括铜鼓王在内的有代表性的精美铜鼓，白裤瑶族的现场表演敲深受观众欢迎。新近建立的广西民族博物馆，铜鼓列为基本陈列，展示面积近1200平方

越南朋友参观广西铜鼓展

“声震神州”铜鼓展在中国历史博物馆展出

米。在柳州市博物馆、桂平市博物馆、平南县博物馆、灵山县博物馆，都有铜鼓展出。

收藏早期铜鼓最多的云南省博物馆，在其《古代青铜器陈列》中一直有铜鼓展出，包括楚雄万家坝春秋时期铜鼓和广南铜鼓。1999 年举办《古代铜鼓陈列》，分云南——世界铜鼓的起源地、中国古代铜鼓的 8 个类型、古代铜鼓的功能、绚丽的铜鼓文化等 8 个部分。2004 年 8 月，云南文山壮族苗族自治州博物馆为迎接文山铜鼓国际学术研讨会举办了《文山铜鼓》专题展览，集中展出当地出土和流传的铜鼓 50 多面。云南民族博物馆、昆明市博物馆、玉溪市博物馆、江川李家山青铜器博物馆，都有铜鼓展出。

昆明市博物馆的铜鼓展出　蒋廷瑜　摄

1997 年贵州省博物馆举办《古代铜鼓展览》，展出 50 多件文物、20 多幅照片和许多铜鼓纹饰拓片，其中包括杨粲夫妇墓出土的铜鼓。

近年来，一些省区还抓了与铜鼓文化保护有关的文化生态博物馆的建设。2003 年 12 月动工修建的南丹县里湖白裤瑶生态博物馆，是一个由政府主导、社会广泛参与的大型文化保护工程，其核心理念在于文化的原生地文化保护，并且由文化的主人保护自己。旨在发现、保护民族民间艺人，培养文化传承人，唤起和帮助村民保护与保存传统文化的精华。在这里，生态博物馆的专家、学者们将对寨子里的年轻人进行培训，让他们能够掌握信息记录仪器，带领他们开展铜鼓文化

重新复苏的铜鼓文化　刘　莉　摄

记忆工程，采访村寨里的老人，用本民族的语言记录本民族有关铜鼓文化的口头历史和传说，录制铜鼓鼓点及舞蹈作为长期保存的音像资料。另外，组织村民们进行铜鼓表演，以此来吸引大批旅游者与来访者，激励当地人保护铜鼓文化的热情，从而对铜鼓文化的保护提升到自觉的高度。可见，生态博物馆不仅可以扩展当地人对铜鼓文化含义的理解，而且还为政府对白裤瑶铜鼓文化的传承和保护提供了有益的尝试。

广西南丹里湖白裤瑶生态博物馆　刘　莉　摄

学术界的铜鼓研究并促成铜鼓文化遗产保护工程

学术界也在铜鼓的传承和保护方面做了大量的工作。

1980 年 4 月第一次铜鼓学术讨论会在南宁召开过后，即成立中国古代铜鼓研究会。5 月 8 日，原中共中央总书记胡耀邦批示要国家文物局对这个学会“加以适当指导”。28 年中，中国各地的专家学者对铜鼓研究热情日益高涨，先后召开了 3 次全国性的学术研讨会，4 次国际性的学术研讨会，参加会议的学者逾千人次，发表论文数以千计，出版专著 20 余种。除了几次学术讨论会的论文集以外，还有《铜鼓史话》（1982 年）、《铜鼓》（1985 年）、《云南铜鼓》（1986 年）、《中国古代铜鼓》（1988 年）、《铜鼓艺术研究》（1988 年）、《铜鼓与南方民族》（1989 年）、《北流型铜鼓探秘》（1990 年）、《广西铜鼓图录》（1991 年）、《古代铜鼓科学研究》（1992 年）、《古代铜鼓通论》（1999年）、《铜鼓及其纹饰》（2000 年）、《铜鼓——南国奇葩》（2001年）、《壮族铜鼓研究》（2005 年）、《布依族铜鼓文化》（2005 年）和《铜鼓文化》（2007 年）等。近年来，有关铜鼓的研究课题不断深入，广西民族大学万辅彬教授先后获得 3 项国家自然科学基金资助项目和 1 项国家自然科学基金资助项目。它们是 1993 年的“中国南方少数民族古代铜鼓矿料来

中国布依铜鼓文化学术研讨会
会场　韦丹芳　摄

研究馆藏铜鼓　何利顺　摄

在广西博物研究馆研究铜鼓
蒋廷瑜　摄

源及声学特性研究”，2001年的“麻江型铜鼓振动模式及调查机理研究”，2002年的“运用现代物理技术对东南亚与中国乐器铜鼓综合研究”及2003年的“铜鼓文化的保护继承与发展研究。”先后两次获得广西科技进步三等奖，一次获得广西社会科学优秀成果二等奖。1997年到2002年，中国广西博物馆和日本东京大学东洋文化研究所组成中日铜鼓研究课题组合作研究铜鼓。现已完成对广西灵山、北流两县（市）铜鼓的实测、记录、传拓、摄影工作，并编写了《北流、灵山铜鼓调查报告》书稿。

1991年和1998年，经文化部批准，广西博物馆、广西民族学院与上海博物馆组成“世界铜鼓之王——北流101号铜鼓复制研究”课题组，经过全面细致的测绘，在南宁重型机械厂多次试验浇铸，用第四次铸成的鼓面和第五次铸成的鼓身合成一个“铜鼓王”复制品。为今后的进一步研究提供了宝贵的经验。

广西热心于铜鼓文化研究的学者们也十分关心铜鼓文化的保护问题。2003年广西民族文化艺术研究院院长廖明君研究员、广西博物馆原馆长蒋廷瑜研究员和广西民族大学万辅彬教授等作为广西文化厅的顾问共同起草了将“红水河流域铜鼓文化遗产保护项目”纳入国家非物质文化遗产保护工程第一批试点的申请书。这一项目最终获得了国家的批准，推动了铜鼓文化的保护和继承。

2003年初，文化部启动了中国民族民间文化保护工程，以对我国具有历史、文化和科学价值的民族民间文化进行有效保护。同年11月，红水河流域铜鼓文化被列为中国民族民间文化保护工程第一批试

正在浇铸的“铜鼓之王” 潘郁生 摄

复制的“铜鼓之王”

点项目。

广西红水河流域铜鼓艺术保护工作，大致上可以分为三个阶段：

第一阶段：成立广西壮族自治区红水河流域铜鼓艺术保护工作领导小组及工作机构，组织协调参与此项工作的有关部门、单位和人员；制定工作的整体规划和具体工作方案；解决实施项目必需的基本设备和资金；深入红水河流域对铜鼓艺术传承的现状进行普查，并进一步搜集、挖掘有关资料。

第二阶段：完成红水河流域（以东兰县、南丹县为重点）铜鼓艺术的普查工作，对现状做出全面、准确的评估，进一步实施工作方案；完成红水河流域（以东兰县、南丹县为重点）铜鼓艺术乐舞、图文、音像、实物等资料的整理工作，建立广西红水河流域（以东兰县、南丹县为重点）铜鼓艺术数据库；举办三期铜鼓艺术传承骨干人才培训班和保护管理人员培训班；建立第一批 5 个（壮族 2 个、瑶族 2 个、苗族 1 个）红水河流域（以东兰县、南丹县为重点）铜鼓艺术保护传习馆和命名第一批 20 名（壮族 8 名、瑶族 5、苗族 5 名、彝族 2 名）广西红水河流域（以东兰县、南丹县为重点）铜鼓艺术家；筹建广西红水河流域铜鼓艺术数据库和信息网络；组织申报中国铜鼓艺术之乡。

第三阶段：建立第二批 5 个（壮族 3 个、瑶族 1 个、苗族 1 个）红水河流域（以东兰县、南丹县为重点）铜鼓艺术保护传习馆，命名第二批 30 名广西红水河流域（以东兰县、南丹县为重点）铜鼓艺术家；建立 5 个铜鼓艺术生态保护村（壮族 2 个、瑶族 2 个、苗族 1 个）；在东兰县、南丹县中小学设立铜鼓艺术传习班；编辑出版《中国广西红水河流域铜鼓艺术荟萃》、《中国广西红水河流域铜鼓艺术》多媒体读物；广西红水河流域铜鼓艺术信息网络开通；建立红水河流域铜鼓艺术保护体系和保护机制。

企业力量在保护铜鼓文化

铜鼓铸造厂商不仅要继续生产小铜鼓作为工艺品和旅游纪念品，还要开发大铜鼓的铸造工艺，以满足还在使用铜鼓的群众的需求，保护铜鼓这一器物的传承。有实力的企业家们，可在力所能及的范围内对铜鼓文化的宣传、保护和研究方面给予赞助。实际上在一定的程度上，反过来也扩大企业的知名度，促进企业的发展。目前，不仅在南宁有三家铸造小铜鼓的民营厂家，在江西省、河南省、云南省还有多家企业在铸造小铜鼓。四川和北京的企业还曾尝试复制古代的铜鼓。这些企业的努力都为保护铜鼓文化作出了贡献。

政府倡导新民俗，大力弘扬铜鼓文化

在信息时代，任何民族都无法把自己的文化封闭起来而不受其他文化的影响。一个民族如果没有对传统文化的自觉和保护意识，当他们与现代文明接触时，往往会失去自己的文化根基。因此，让广大民众树立起本民族传统文化的自信心和自豪感，培养保护传统文化的意识是保护传统文化的关键。由于历史的原因和现代化的冲击，铜鼓文化的保护传承已成为一项复杂而相对困难的工作。因此，作为铜鼓文化保护工作的主导力量，各级政府部门除了需要充分发挥政府自身的各种资源来进行铜鼓文化保护工作外，还需要制定政策创造良好的文化生态。

首届铜鼓山歌艺术节开幕式上的壮族铜鼓式

首届铜鼓山歌艺术节开幕式上的白裤瑶铜鼓　梁富林　摄

自1999年起，广西河池市的文化管理部门每年组织一次大型铜鼓文化艺术活动，有效地弘扬了铜鼓文化。铜鼓山歌艺术节的举行，是对传统铜鼓文化的改革与发展。以往，以村寨为单位的铜鼓聚会，最多也就是十几面铜鼓在一起演奏，而今铜鼓山歌艺术节，少则数十面，多者几百面，规模宏大，十分壮观。

铜鼓山歌艺术节的举办，为河池民间传世铜鼓的使用拓展了一个全新的领域，使铜鼓的使用从形式到内容都发生了巨大变化。尤为重要的是，铜鼓山歌艺术节的举办，让人们对铜鼓产生了新的认识、燃起了新的希望。当他们看到几十面、上百面铜鼓同时集聚于都市舞台，面对着成千上万的中外观众惊奇的目光的时候，当他们看到专业编导们根据他们的铜鼓舞蹈、铜鼓图案创作一个个优美的歌舞并与他们同台演出的

时候，特别是当他们被一大群媒体包围、拍摄、采访并看到他们在电视、报纸上出现的时候，他们的心灵感受到一种从未有过的震撼，一种全新的愉悦感和自豪之情油然而生。的确，铜鼓是民族传统文化的载体，祖先们用它祈求、保佑平安兴旺，如今我们敲着昂扬的鼓点踏着奔进的节拍奔向小康。

河池铜鼓山歌艺术节自创办至今，已经成功举办了九届，每一届艺术节的举办，都极大地丰富了当地群众的精神文化生活，成为当地的一件盛事。对外来说，每届铜鼓山歌艺术节都吸引了区内外数十家媒体及无数中外宾客，河池铜鼓山歌艺术节已和南宁国际民歌节、桂林国际山水旅游节并称广西三大文化艺术节，正越来越多地受到国内外的关注，河池铜鼓文化正逐步冲出亚洲、走向世界！

第二届铜鼓山歌艺术节开幕式　林捍球　摄

第二届铜鼓山歌艺术节中的铜鼓　梁富林　摄

民族文化旅游节中的白裤瑶族铜鼓舞　蒋廷瑜　摄

后 记

丁亥年的秋天，我的老朋友、中国科学院自然科学史研究所原副所长华觉明先生，从北京来了一个电话，说是著名学者刘魁立先生主编一套民俗丛书，刘先生希望他帮助找人写铜鼓民俗方面的书稿。华先生知道我自 20 世纪 80 年代以来，对铜鼓进行了长期系统的研究，并做了大量的田野调查，故特邀我负责这本书的编写工作。我允诺后不久，中国社会出版社编辑部的同志便发来了《风筝》一书的目录，并希望我们按照这一体例来写。因为要稿比较急，我便先拟了一个大纲，然后发动年轻老师和在读硕士研究生们集体动手，按如下分工搜集资料和撰写初稿：

第一章　铜鼓的起源和发展　　由张正华、伍震负责
第二章　铜鼓的传说　　由贝维静、徐昕负责
第三章　铜鼓的主要类型与特点　　由吴娱负责
第四章　铜鼓的铸造与审美　　由胡宝华负责
第五章　铜鼓的社会文化功能　　由胡宝华负责
第六章　铜鼓的民俗　　由吴娱、蒙振负责
第七章　铜鼓的音乐与舞蹈　　由孟振兴负责
第八章　铜鼓文化的传承与保护　　由刘莉负责

2007 年 11 月底，各章初稿陆续完成，韦丹芳老师对第二章至第七章进行了第一次修改；12 月中旬，我对第一章、第八章进行了修改，并做了第一次统稿。接着，由蒋廷瑜先生进行审校，并做了必要的补充。蒋先生是铜鼓研究的权威，对书稿的审校非常的细致认真，可以说是字斟句酌。全书的插图主要由蒋廷瑜、韦丹芳、

刘莉等同志提供，此外也从其他朋友处和网站上采选了部分图片。在本书的编排过程中，还得到了贝维静、胡宝华等同学的帮助，在此一并致谢。

万辅彬
2008 年 1 月 18 日于相思湖畔